世界经典制服徽章艺术

（修订版）

指文号角工作室 主编

台海出版社

图书在版编目（CIP）数据

号角：世界经典制服徽章艺术.7 / 指文号角工作室主编. -- 北京：台海出版社, 2016.11
ISBN 978-7-5168-0822-1

Ⅰ. ①号… Ⅱ. ①指… Ⅲ. ①军服－介绍－世界②军徽－介绍－世界 Ⅳ. ①E127

中国版本图书馆CIP数据核字(2016)第278059号

号角：世界经典制服徽章艺术7（修订版）

主　　编：指文号角工作室

责任编辑：刘　峰　曹文静　　策划制作：指文文化
视觉设计：郭　娜　　责任印制：蔡　旭

出版发行：台海出版社
地　　址：北京市朝阳区劲松南路1号　　邮政编码：100021
电　　话：010－64041652（发行，邮购）
传　　真：010－84045799（总编室）
网　　址：www.taimeng.org.cn/thcbs/default.htm
E－mail：thcbs@126.com

经　　销：全国各地新华书店
印　　刷：重庆大正印务有限公司
本书如有破损、缺页、装订错误，请与本社联系调换

开　　本：787mm×1092mm　　1/16
字　　数：240千字　　印　　张：14
版　　次：2018年7月第2版　　印　　次：2018年7月第1次印刷
书　　号：978-7-5168-0822-1

定　　价：179.80 元

出版寄语

国防的点点滴滴，依靠的是人民的热爱与支持；军事文化的点点滴滴，依靠的是军迷的痴迷和奉献。惟愿《号角》越办越好，惟愿更多的人喜欢军事文化！

——刘猛，知名军事题材电视导演

《号角》是国内不多见的以勋赏文化为主题的独门文丛。以军服、勋章为切入点，深掘史实，精讲兵戎，勾连审美，旁通政制。一声号角，带起一曲战争艺术的交响。祝这一声号角给中国文化建设中还比较薄弱的军事文化声部，注入黄钟大吕般的雄浑与恢宏。

——朱克奇，深圳广播电台主持人，知名军事评论员

看过不少军事杂志，但被《号角》深深折服了，严谨的风格，华丽的包装，偏执考究的细节……在想，什么样的主编才会制作出如此作品呢。和主编交了朋友，为他对勋章制服的痴迷与挚爱所折服，真汉子不一定是豪言壮语、大碗喝酒，一本竭心的文字同样体现豪迈，想到了当年的自己。祝《号角》越走越远。

——刘子军，知名军事评论员

每个收藏品背后，都承载着一段历史，或者都有一个曾经真实的英雄，而军事徽章和制服的收藏，可以促使我们研究收藏品背后的故事，来尽可能地接近真实的历史。希望徽章和制服文化，能够更多地融入军迷的生活中。

——李晓健，“超级大本营”军事论坛主编

旗章服制之事并非低级趣味，一个民族的荣誉感和尚武精神均由此而滋生。军品收藏研究为军学入门佳径，愿《号角》激励引领军友奋勇前行！

——余戈，知名抗战史学者

西点军校的校训为“责任、荣誉、国家”，而这三个词组凝聚成形态，便是军人身着的军服以及佩戴的各种徽章。指文文化出版的《号角》，便是专门对于这种军人的荣誉和纪录予以详尽介绍的一种同时富有知识性和趣味性的丛书。

——章骞，知名海军史学者

军事徽章和勋章是表彰军人战功的最佳载体，佩戴在军服上的每一枚勋章都是血与火凝结而成，作为一个老军迷，我也想探究每一枚勋章背后的故事，但受限于手头资料的缺乏以及对各国勋略制度的不了解，再加上网络时代以讹传讹的信息饱和，很难对各个国家的勋章有个综合全面的正确了解。不过翻开这本《号角：世界经典制服徽章艺术》，我有了豁然开朗的畅快感，全书从多个角度对世界各国军事徽章进行了详细的介绍，不管是军事徽章勋章知识的扫盲还是进阶，《号角》都是一本不错的工具读物。

——肖宁，《兵器》杂志编辑部主任

军事制服和徽章，在西方历来被称作男人的饰品，它们是军事历史和文化的浓缩，也是勇敢和责任的彰显。如果愿意，你可以跳出这一个个金属和织物的本相，去从中领悟它们背后的深邃内涵。

——王亚男，《航空知识》杂志主编

勋章、奖章、军服是历史，尤其是军事史研究中绝不可忽略的重要细节，《 号角 》丛书以此为专门研究和普及的内容，不仅在大陆上首开风气，而且学术性极强，编者、作者们的良苦用心和辛勤努力令人敬佩，谨在此祝贺丛书问世，希望保持风格和专业性，以嘉惠学林和普及军服、勋奖章文化。

——陈悦，知名海军史学家、海军史研究会会长

角鼓铮鸣，金戈铁马，勋标争辉，胄甲探奇，谈收藏鉴赏会友，品兴衰成败往事，祝新号角丛书旗开得胜，大行其道。

——朱步冲，《三联生活周刊》主笔

由号角团队厚积薄发倾心推出的新《 号角 》，真如鸣响的号角一般，再度拨动着军事爱好者的心弦。且不谈整部文集的制作精美，也不提篇篇佳作的条分缕析，光是著者们考证各种勋饰的精心和准确程度，就足以令人仰慕钦服。

——汪冰，知名军事作家，《帝国骑士》、《德国名将：曼陀菲尔传》作者

连夜看完手中的这本新《 号角 》，心中不由浮现出一个词——文心雕龙。相信《 号角 》的新生对于每一位军事爱好者都是一个福音。它不仅填补了国内在徽章与制服方面的研究空白，而且有力地促进了相关知识的普及。不飞则已，一飞冲天；不鸣则已，一鸣惊人。

——刘晓，《极客》杂志社副主编

军服和勋章是展示一支军队精神面貌和历史最好的方法，只有了解军服和勋章的历史，你才能真正了解这支部队！《 号角 》恰恰就给我们提供了这样一个平台！

——知名历史学家、中国圆明园学会学术专业委员会委员 刘阳

在我刚刚从事军事图书翻译时，就希望能看见这样一本书，既有可读性，又能为我这样的从业者提供某些参考和帮助。书中阐述的这些勋章，你可能听说过，也可能有些肤浅的了解，但对其来龙去脉及详细内情并不一定特别清楚；对我来说，掌握这些勋章的准确名称对日后的翻译工作不无裨益。

——小小冰人，著名军事图书翻译专家

《 号角 》是国内军服勋章领域的专业书籍，从一个独特的角度阐述历史兴衰和文化传承，阅读此书不仅是学习，也是享受。

——董旻杰，知名军事历史作家

合作伙伴

德国Hermann Historica拍卖行

德国Bene Merenti拍卖行

号角网（http://www.ihaojiao.com）

致谢

本书在编辑出版过程中，得到了国内外制服徽章收藏界众多朋友及机构的大力支持，在此表示由衷感谢。他们是（中文按姓氏笔画排列，外文按姓氏或机构名称字母顺序排列）：

个人：

于剑（北京）
马宇驰（浙江上虞）
马晓炯（上海）
王宁（北京）
王玉辰（河北邯郸）
王坤（德国锡根）
王栋（北京）
王雷（四川成都）
王相阳（广东佛山）
车暻（马达加斯加）
叶盛（江苏南京）
吕小洁（北京）
任钦亮（山东青岛）
朱惟伦（台湾台北）
朱与善（上海）
乔磊（北京）
向上（北京）
刘萌（北京）
刘方舟（北京）
刘有全（广东广州）
刘志斌（北京）
刘岩生（北京）
刘海鹏（北京）
许子彦（河北张家口）
许冀生（河北石家庄）
祁斌（海南海口）
孙捷之（江苏南京）
杨思（北京）
杨卫国（广东广州）
杨雨桐（辽宁沈阳）
杨健海（广东广州）
苏楠（河南郑州）
李伟（北京）
李岳（北京）
李骅（四川成都）
李楠（北京）
李文浩（辽宁沈阳）
李威（台湾台北）
李航（新疆阿勒泰）
李晓铭（山东青岛）
李雁翀（北京）
吴向民（浙江杭州）
吴侃（上海）
吴焕（浙江金华）
吴建禹（福建福州）
沈晨（江苏南京）
宋宁（北京）
张义军（辽宁大连）
张劲雄（北京）
张昊（天津）
张忠钰（陕西西安）
张萱（德国慕尼黑）
张勇（北京）
张哲（河北石家庄）
张玮（上海）
张翔（四川成都）
张腾（广东广州）
张煜（陕西西安）
张铠闻（上海）
陈晖（广东广州）
陈雅（北京）
林立（北京）
林庆安（台湾台北）
林建强（香港）
林臻（北京）
金松（北京）
邹志诚（山东威海）
周光龙（云南德宏）
周牧原（北京）
周鑫钰（美国阿拉巴马）
郑山（北京）
经涛（江苏徐州）
孟飞岩（北京）
赵月（四川达州）
赵昊（上海）
胡晨（天津）
柯涛（北京）
查列（广东广州）
侯德林（陕西西安）
钟铁军（广东广州）
俞磊（四川成都）
贾川（四川成都）
贾磊（北京）
贾星焕（山东青岛）
钱冬昊（安徽马鞍山）
徐扬（云南昆明）
郭卫（河北任丘）
高笑（广东广州）
高翔（上海）
崔劲波（辽宁丹东）
章帆（浙江温州）
黄麒冰（福建宁德）
黄灏明（广州）
康兆（广东深圳）
阎旭彤（北京）
蒋伟亮（上海）
程业恒（江苏南京）
鲁宁（河北石家庄）
谢雨昊（重庆）
强景明（江苏镇江）
解燊阳（广东广州）
潘好（浙江湖州）
Aivars Zvīdris（拉脱维亚尤尔马拉）
Angel Garbachkov（保加利亚索菲亚）
Alexander Grozdanov（保加利亚索菲亚）
Artan Lame（阿尔巴尼亚地拉那）
Craig Gottlieb（美国索拉纳滩）
Dmitry Shubin（俄罗斯叶卡捷琳堡）
Gobányi Gábor（匈牙利布达佩斯）
Jani Tiainen（芬兰坦佩雷）
Klaus Butschek（德国雷根斯堡）
Valeriy Aleksandrovich Durov（俄罗斯莫斯科）
Warren E. Sessler（美国加利福尼亚）
William A. Boik（美国弗吉尼亚）

机构：

北京诚轩　北京中汉　上海朵云轩　中国保利　中国嘉德

Armádním muzeu Žižkov（捷克布拉格）

Auktionshaus Andreas Thies eK（德国纽尔廷根）

Auktionshaus Carsten Zeige（德国汉堡）

Auktionssaal SINCONA AG（瑞士苏黎世）

B&D Publishing LLC（美国密歇根）

Baldwin's（英国伦敦）

Bayerisches Armeemuseum（德国因戈尔斯塔特）

Berliner Auktionshaus für Geschichte（德国柏林）

Berliner Münzauktion（德国柏林）

Berliner Zinnfiguren & Preussisches Buecherkabinett（德国柏林）

British Library（英国伦敦）

British Medals（英国卡斯尔顿）

Carsten Staegemeir UG（德国多特蒙德）

Deutsche Gesellschaft für Ordenskunde e.V.（德国罗特）

Dix Noonan Webb Ltd（英国伦敦）

Dothoreum（奥地利维也纳）

eMedals（加拿大博林顿）

Fellows（英国伦敦）

Fritz Rudolf Künker GmbH & Co. KG（德国奥斯纳布吕克）

Gentlemen's Military Interest Club（英国）

Hadtörténeti Intézet és Múzeum（匈牙利布达佩斯）

Heeresgeschichtliches Museum Wien（奥地利维也纳）

Helmut Weitze Militärische Antiquitäten（德国汉堡）

History Shop（德国塞沃托尔）

Imperial War Museums（英国伦敦）

Karl-Heinz Cortrie GmbH（德国汉堡）

La Galerie Numismatique（瑞士洛桑）

Leipziger Münzhandlung und Auktion Heidrun Höhn（德国莱比锡）

Liverpool Medals Limited（英国奥尔特灵厄姆）

Militärhistorisches Museum der Bundeswehr（德国德累斯顿）

Militaria-Agent（德国卡尔滕基兴）

Morton & Eden Ltd（英国伦敦）

Musée de l'Armée（法国巴黎）

Musée de la Légion d'Honneur（法国巴黎）

National Army Museum（英国伦敦）

Orders and Medals Society of America（美国）

Philipp Militaria（德国肖伦）

Royal Collection Trust（英国温莎）

Royal Maritime Museums（英国格林尼治）

San Giorgio Aste Srl（意大利热那亚）

Spink & Son（英国伦敦）

Stack's Bowers Galleries（美国加利福尼亚）

The New York Sale（美国纽约）

Verlag Militaria GmbH（奥地利维也纳）

CONTENTS
目录

前言
世界勋赏制度的五大流派

从全世界来看，绝大多数国家都设立了形形色色的勋章，而且都富有各自的民族特色。例如英国具有浓郁的贵族味道，而美国以实际功勋为导向，法国保留了早期骑士团完备的等级体系，俄罗斯则既注重历史传承、又满足了现实需求。而德国作为世界勋章发展史上最重要的国度之一，独成一派……。经过几百年的发展，近现代勋赏制度形成了五个特征较为明显的分流，这五大流派，共同构成了人类历史上绚烂多姿的勋章世界。

英国作为近现代世界强国，勋章一直颇有特点。英系勋章的特点是体系完备、等级分明。尤其是他们注重身份认证，勋赏在某种程度上是对其身份地位的确认。获得高等级勋章的人士可以直接在姓名后面加上勋章以及所获级别的缩写，具有一定荣誉称号的性质。例如获得维多利亚十字勋章的人士可以在姓名后面加上“VC”，在正式场合其姓名出现的时候就必须在后面缀以“VC”两个字母。

美系勋章的特点在于实用主义味道非常浓厚，以实际功勋为导向，对身份地位的认证并不太强烈，这一点上与英系有较大区别。一个比较有意思的现象就是美国所有的勋赏，没有一种是以“勋章”（Order）来命名的，全部都是“Medal”（奖章）。但是美国还是有几种奖赏带有勋章性质，例如荣誉勋章（Medal of Honor）、银星勋章（Silver Star）、铜星勋章（Bronze Star）等。究其根源，这应当是与美国的清教徒传统有关。来到北美的基本上都是对欧洲贵族传统深恶痛绝、崇尚自由的一帮人。可能在他们眼中，当时带有浓厚贵族色彩的勋章也与其追求的精神不相符合。但随着近代美利坚国家的建立，勋赏体系又有利于国家建设，所以他们采取了一种折中的方法，只设立奖章，而不设立勋章。

法国是世界近现代勋赏制度的发源地之一，尽管早在波旁王朝时期，法国就已经建立起一套完备的勋赏体系，但真正将其发扬光大的还是拿破仑。在他之前，波旁王朝的勋章几乎全是王室勋章，是带有身份认证性质的贵族勋章，而在他之后，勋章本身也成为拿破仑帝国奖励卓越平民的一种手段，而且逐渐形成法系勋章最明显的特征，这种特征就是等级分明。拿破仑创造性地引入军队的称谓，根据授予功勋的大小将勋章等级明确分为“大十字级—大军官级—指挥官级—军官级—骑士级”五个等级。当然五个等级的名称并不一定固定不变，但万变不离其宗，绝大多数法系勋章就严格遵循这五个等级而设立。

德国，是研究勋赏制度永远绕不过去的一个国家，也是将勋赏制度发扬到极致的一个国家。当前对勋赏制度研究水平最高的国家也是德国，这是因为在其历史上，勋赏制度一直是国家政体的一个重要组成部分。某些方面，德系与法系具有一定的共通之处，但是由于其历史发展复杂，尤其是在1918年之前德国还存在如此众多的邦国，而邦国各自又有一套勋赏体系，所以早期德国勋赏也是异常复杂，与法系相比又体现出自己的特色。从来没有一个国家像德国一样在内部各个主体之间还有水平如此之高的勋赏体系，而由于其经济发达、工业化程度很高，所以其勋赏做工极其精良；而由于其历史复杂，生产厂家众多，所以其版本变化也异常繁多。

毫不夸张地说，俄罗斯是目前勋赏文化最盛的国家，这与其注重勋赏历史传承的特点有关。俄罗斯经历了几次剧烈的政权更迭，但其勋章体系传承有序。例如苏联就将俄罗斯帝国时期的涅夫斯基勋章的名称继承下来了，并且同时设立了以苏沃洛夫、乌沙科夫等著名沙俄将领名字命名的高等级军事勋章。而极富特色的五边形上挂，也是俄罗斯帝国时期设计的，苏联时期将这一设计继承下来，甚至废除了早期的列宁勋章、红旗勋章等采用的星章形式，后期改用了五边形上挂。而俄罗斯联邦，在重新延续俄罗斯帝国时期部分勋赏的同时，甚至直接继承了苏联时期的英雄和劳动英雄称号。

除了上述几个流派之外，日本在勋赏制度方面也是一个比较有特点的国家。他们不但体系一以贯之，几乎没有变动（除了与军国主义有瓜葛的金鵄章和支那事变从军记章等奖章被废止外），而且尽管学习欧洲设立其勋赏制度，但仍然具有浓厚的日本民族特色。比如日本特有的褒章，就是他们的一大创造。褒章不同于一般意义上的勋章和奖章，它承担了一部分勋章和奖章所不具备的功能。

当然，这五大流派的区分其实严格说来并不科学，但有利于热爱勋赏文化的读者朋友对全世界的勋赏制度形成大致了解。正如多元文化是全人类最伟大的精神财富之一，勋赏制度所体现出来的多元性也使其丰富多彩，并被真正的收藏者和历史研究者津津乐道。无论从收藏的角度，还是从历史研究的角度来看，都不能简单地认为某个国家或者某个流派的勋赏比其他国家或流派更漂亮，或者更有价值。这种简单的“厚此薄彼”只能说明持这种观点的人根本没有深入了解人类博大精深、富有魅力的勋赏制度，仅仅是看了一个表象而已。

指文号角工作室
2016年11月

碧海丹心

近代中国海军军服简史（二）

重建海军时代和清末时期

作者：陈悦　绘图：顾伟欣

重建海军时代的海军军服

1894年中日甲午战争爆发，北洋海军历经丰岛海战、黄海大东沟海战以及威海刘公岛保卫战，最终在1895年2月14日不幸全军覆没，甲午战争也在当年以清王朝的彻底失败而告终。甲午战败后，清政府下令撤销原北洋海军的编制，并解散、停办总理海军事务衙门和各水师学堂，中国的近代化海军建设遭遇空前挫折。经历一段短暂的停滞期后，因为北洋地区海疆没有舰队力量驻扎事实上形成了国防危机，重建海军的迫切问题很快就在清廷中被提出，清政府不得不在1895年末批准重新建设海军之议。新的海军建设工作由军机处和总理各国事务衙门总体领导，北洋大臣、直隶总督具体负责执行，北洋海军的重建就此开始，如同当年李鸿章筹建北洋海军时的情况一般，舰队在没有得到国家正式编制之前不能称作海军，重建中的北洋海军在官方文件中的正式名称是“北洋水师”，后由原北洋海军将领叶祖珪担任新北洋水师的统领。

1895年后，北洋水师、南洋水师、广东水师是中国三支最主要的近代化舰队，其组织训练和各项制度，大多模仿了甲午战争前北洋海军的模式，在军服制度方面也是如此，不仅仅是着装的样式，包括军官服袖章、水兵服臂章等军衔和识别符号的设定，也都和北洋海军时代基本一样。不过由于这一时期清政府中央或地方都没有再编订专门的海军军服规章，各舰队对北洋海军军服的模仿事实上处在一种自由散放的状态，在具体的制作、使用过程中，出现了一些和北洋海军的军服制度存在差别的细节变化，而这些变化可以视作是重建海军时代军服的重要特征。

清末重建海军时期，仍然以承担京畿门户防御要职的新北洋水师发展最为迅速，军服上的细节变化也以新北洋水师最具代表性，新北洋水师的军服可以视为是这一时期中国海军军服的典型，其军服和北洋海军时代的区别可以从军官服和士兵服两方面分别进行考察。

官服

新北洋水师的军官服总体上是北洋海军军官服的延续。其军帽以传统的暖帽作为官帽，便帽为常服帽。军服上衣是深蓝色带有云头纹的传统号衣样式，袖口装饰有双龙戏珠图案的军衔袖章，军裤在春秋冬季采用和上衣同色的蓝色裤，夏季则采用白色裤，军靴配用传统的官靴。此外，作为军服重要配饰的佩剑、剑带等也都承续了北洋海军时代的样式。从目前所能掌握的影像资料看，新北洋水师军官服和原北洋海军的主要区别发生在1898年前后，其主要的变化是军官的常服帽造型做了改动。

▲重建后统领新北洋水师的叶祖珪

北洋海军时代军官常服帽采用的是社会上常见的便帽造型，即俗称的瓜皮帽。军帽为蓝色，在帽子的底部镶有一圈窄道的黑色布条作为装饰，帽顶缀有和军官品级相符的顶珠。这种军帽因为本身的质料柔软，又没有硬质的内衬作为支撑，戴起来之后和佩戴者个人的头型相合，在军官相聚的群体场合，会出现军帽姿态因人而异的极不整齐的状态，不利于军队的威武观瞻。

新北洋水师时期显然是注意到了这一问题，尝试做出了改良。其具体的做法是将原先军帽设计中的黑色镶边装饰干脆改为黑色帽墙，另在黑色帽墙上接近底部的位置外镶一圈黑色布条作为装饰，帽墙的高度几乎直达帽顶，以此作为帽顶的硬质支撑，帽顶部分仍用和军服颜色相同的蓝色纱料制作。经过这样改良设计后的便帽已经和传统的瓜皮帽有很大的外形区别，通过加高帽墙将帽形进行固定，使得帽子的整体造型统一，能保证穿戴时获得整齐划一的外观效果。另外，考虑到在软质的帽顶上承缀分量较重的顶珠比较困难，实际的外观效果也不理想，在改变帽型的同时，1898年前后出现的这种新式常服帽上取消了按照军官品级镶座顶珠的做法，而是统一改作用黑色布条编结成小球缀在帽顶中央，纯粹成了装饰物。

▲清末“海天”舰军官的舰上合影，军官们的军帽也都是帽墙几乎直达帽顶的样式。后排洋员左侧的两名中国军官分别是杜锡圭、萨镇冰

1898年左右出现的这种常服帽，本意是要增强海军军官的威武形象，在实际使用中却出现了很多非议。使用高帽墙的常服帽，在造型上脱离了瓜皮帽的气质，但却和道士戴的混元巾酷似，常服帽帽顶点缀的小球往往编结得较大，又让人不禁联想到道士混元巾上露出的发髻。这种被各界谑称为“道士帽”式样的海军常服帽在军中也颇受诟病，军官们常自嘲为似道非道。南洋水师、广东水师对这一样式的军帽敬而远之，新北洋水师则设法用新式的帽形取而代之，这一来自头顶的烦恼后来成为中国海军军服进行彻底西化的一个重要突破口。

►清末“海容”舰军官在舰上的合影，军官们身着的是和北洋海军时期别无二致的军服，袖口的双龙军衔纹样也十分相似，仅有的区别便是军帽改成了颇受诟病的“道士帽”。供图/中国船政文化博物馆

士兵服

新北洋水师士兵服的变化也发生在1898年前后。首先在着装制度方面，原北洋海军士兵春、秋、冬季都穿着全蓝色制服，头上裹头巾，夏季则穿全白色制服，头戴草帽。1898年中国收回被日军占据的威海和刘公岛，同时被迫立刻租借给英国，在参加仪式活动时，北洋水师水兵穿着了一种奇特的服装组合，即头戴草帽，上身着蓝色号衣，配白色的军裤，类似于上蓝下白的军官夏季着装，推测这种特殊的组合属于士兵的礼服。

▼ 作者收藏的“海龙”号驱逐舰水兵草帽，其飘带的图案内容较北洋海军时代复杂了许多

▲ 甲午战争后的很长时间里，中国水兵的春秋冬季制服和北洋海军时代相比几乎没有任何的变化，照片为清末“海天”舰水兵合影

◄ 1898年收回威海卫仪式上的中国海军“复济”舰水兵，穿着的是罕见的上蓝、下白式军服组合，如果仔细分辨，不难看出水兵们将发辫在脑后盘成了发髻

新北洋水师士兵服的另一项变化也发生在帽子上，根据现存的一顶新北洋水师“海龙”号驱逐舰的水兵草帽可以看到，帽形较之以往发生了重要改变。北洋海军军服制度中，士兵的草帽是圆形平顶宽檐式（帽檐宽17厘米），实际使用中因为帽檐会遮挡视线，士兵们和欧洲的同行一样，都会采取将帽檐向上翻起以改良视界的做法。新北洋水师军服则直接对草帽帽形进行改动，除仍然是圆形平顶外，帽檐改成了宽度只有6厘米的窄檐，帽墙则加高到10厘米，总体外观类似于现代的西式礼帽。

北洋海军军服制度中，水兵草帽上会和西方海军一样钉缀有黑色飘带，飘带正面用金线绣“北洋兵船XX”字样，飘带在草帽后方露出燕尾。新北洋水师的士兵草帽也采用黑色飘带，用宽度4厘米的黑色纱布条制作，表面的文字格式为金色的“XX兵船”“XX猎艇”字样，这组文字的左右两侧还各装饰有带旗杆的龙旗图案以壮观瞻，工艺上采取的是烫漆做法，不再用金线绣制。飘带钉缀时，以草帽的帽墙根部为限，绕帽墙一圈后首尾缝连，没有留出带有燕尾的加长部分。在具体戴用时，新北洋水师和北洋海军一样，为便于舰上作业起见，士兵们戴草帽时都会将自己的辫子在脑后盘成一个当时常见于妇女发型的发髻，这种古怪的发型和同时期戴着“道士帽”的军官形象相映成趣。

除新北洋水师外，南洋水师、广东水师在甲午战争后使用原北洋海军式军服的过程中，也产生有细微的变化，其中比较有特点的是南洋水师对军靴的改良。原北洋海军军服制度中的军官军靴是用棉布或呢子制作的牛皮底传统官靴，新北洋水师也沿用这一形式，而南洋水师在实际运用中则干脆改成了西式的长筒皮靴，更显近代化。

▼ 收回日占东沙岛时的广东水师将领吴敬荣（中），身着的是典型的北洋海军式军服

▼ 清末福建地方的水巡船“靖海”号的官兵合影，军服均是北洋海军的样式

▲ 清末南洋水师向日本订造炮舰时的接舰军官合影，一些军官穿用的长筒皮靴让人印象深刻

▲ 清末某武备小学堂的学员合影，军服大致上模仿的是北洋海军式服装，但却额外穿上了颇具传统陆军特色的战裙，在军服上衣的袖口可以看到类似海军双龙袖章的纯装饰性图案

饶有趣味的是，甲午战争失败后北洋海军军服得到继续沿用的情况，并不完全局限于北洋、南洋和广东水师三支主要的近代化舰队范围内。事实上，在全国各地兴起新式练兵的时代风潮中，与中国传统军服具有很大区别的北洋海军军服式样普遍被认为是新式军队的象征，各地的地方绿营水师、水警甚至各地的陆军也竞相改用北洋海军式军服，就连德国在胶州编练的德军中国人部队也使用了北洋海军式的军服，一时间中国的军队几乎出现了遍地都是“北洋海军”的现象。

在具体的使用过程中，各地在裁剪、制作细节上千差万别，着装搭配上也多有自己独特的改动，不过总体上仍保持着北洋海军式军服的特征。例如军官服都是采用蓝色配色和带云头纹的号衣式样，甚至包括一些陆军部队还使用了北洋海军式的袖章或袖章式的袖口装饰（瓜皮帽或道士帽式的常服帽普遍没有被陆军接受，陆军多使用暖帽作为军官帽）。士兵服则也是春秋冬头裹头巾，一身蓝色制服，夏季头戴草帽，全套白色制服的模样，北洋海军军服制度中规定的在士兵服胸口缝缀小型方补子的做法也得到普遍采用。

甲午战争后北洋海军虽被清政府解散编制，但忽如一夜春风来，带有近代化军服设计特征的北洋海军军服在中国海、陆军队中得到普遍运用，预示着军事近代化变革的大趋势已经不可逆转。

▲ 清末德国在山东组建的德军中国人部队，也一度选择了北洋海军式军服作为制服

1902夏季白服的问世

由欧洲发源的近现代海军，其军官服装的基础色调为蓝色，起初春秋冬季为上下一身蓝色，夏季则多使用上蓝下白的配色组合。后来在炎热的夏季里，军官身着蓝色制服益觉不便，英国海军在进入20世纪后率先创制了全白色的军官夏季制服，不仅穿着白色军裤，夏季的上衣制服也改成白色，并使用白色盔式凉帽以及白色皮鞋。海军军官的蓝色制服上原本以金色

袖章来标识军衔等级，但金色的袖章和白色服装相配后对比度较低，不利于辨识，英国海军于是在军官白制服上改用深底色、绣金线饰带的肩章作为军衔标志。

海军是国际军种，海军军官出席重大礼仪场合或与外国海军交往时，都会穿着礼服或大礼服，在夏季时如仍穿着这样的盛装极为不便，英国海军在创制全白军官服的同时，计划在夏季时也以这种全白军服充当代礼服。由于这套军服制度是英国海军首创，为了在国际交往中不至于令人感觉失礼，英国海军在正式使用前特别由英国外交机构向世界各主要海军国家进行通报，同时希望各国海军也能像英国一样，设计、使用在夏季穿着的白色军官服。

1902年6月9日，英国驻华公使萨道义向清政府外务部发出照会，将英国海军将采用新式全白夏季军官制服的消息也通报中国，并希望中国海军也能设计使用类似的全白军官服，“本国海部拟更改水师官员在暑热之区与友国官员互拜及登友国师舰是所穿官衣……经向数国查询，皆愿在暑热之区更改白色官衣，服用白布短褂，两肩缀以品级花纹，白色布裤，高式凉帽……请贵大臣向中国将以上各节询问，是否愿从。”对此提议，清政府要求南北洋大臣以及北洋水师统领叶祖珪进行商议，在当年7月答复英方，表示已经将英军在夏季改用全白军官服的消息通知海军全军，不过中国海军自身在夏季仍将使用旧制，不会跟着英国改用白色制服。然而事实上，就在答复英方之后，由北洋水师发起，中国海军也开始了研究夏季全白服的设计，并在1902年当年拟定出专门的规范和图式开始试行。这套全白制服和世界海军开始改用夏季全白制服几乎同步，同时还是甲午战争后中国海军拟定的首个成文的军服规范。

▲曾任英国驻华公使的萨道义（Ernest Mason Satow）

北洋水师在1902年专门拟定的夏季全白军服规范，其正式的文件名称为《水师官员暑热衣帽及肩缀品级图式》。如其标题所示，这份规范在内容上包括了海军军官夏季军服、军帽以及相应的军衔肩章图案两大部分。

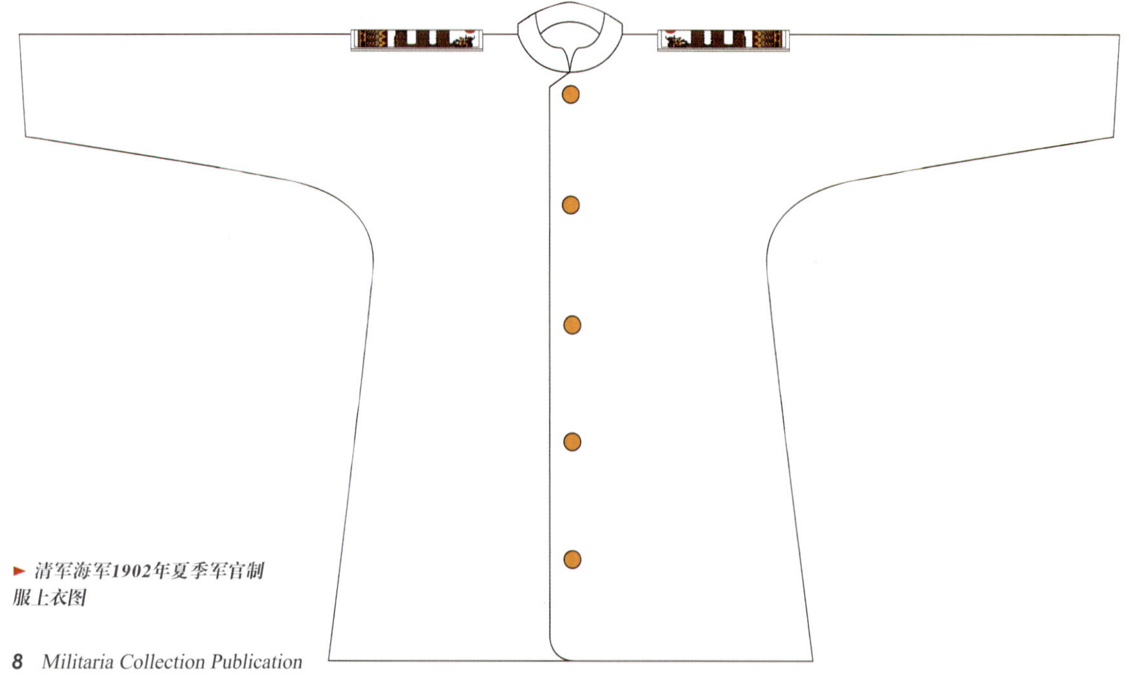

► 清军海军1902年夏季军官制服上衣图

按1902《图式》规定，中国海军军官夏季制服做出重大调整，上衣不再采用传统的蓝色号衣式军服，改为新设计的白服，由此在夏季时节中国海军军官将穿着上下全白的制服。与当时还在使用的蓝色上衣相比，新设计的白服样式做出了很大程度的西化，属于西式立领对襟服装，布料采用透气性好的传统葛布染制，肩上配军衔肩章，对襟缝一排5颗镀金铜纽扣，用西法锁扣，即直接在衣襟上钉纽扣和开扣眼，而不像蓝色军服那样用中式的一字扣，衣服的总体外观和英国海军的夏季白色军官服基本一致。军官在穿着这种夏季军服时戴圆形平顶草帽，草帽的外观和当时水兵所用的草帽有很大区别，帽墙高度仅有6.5厘米，帽檐则宽达15厘米，帽墙上不系飘带。

海军的白军服在左右肩上对称配肩章，和现代肩章的安装、固定方法有所不同的是，1902《图式》中规范的白色军服在两肩上没有预留的安装绊带或锁扣，肩章是直接缝在军服肩上。肩章的底板宽6.5厘米，长12.8厘米，肩章上面的军衔图案宽5厘米。肩章上所饰的军衔等级与蓝色军服的袖章完全对应，图案也截取自蓝色军服的袖章，相当于是将袖章的主图部分挪到了肩章上，制作的工艺方法和袖章类似，用中国传统的金线盘绣法。1902《图式》设计中略有失察的是，英国海军之所以在白军服上采用肩章，是考虑金色的袖章如果放在白色的军服袖口，会因为和军服颜色缺乏鲜明对比而难以辨识，鉴于此才改用肩章，通过将肩章底板整个设计为金色（将官）或深蓝色，以突出上面的军衔标识。北洋水师1902版白色军服的肩章在设计时却未体会到这点用意，白色军服的肩章底色也用的是白色，在远距离上观察辨识的效果差了许多。

《水师官员暑热衣帽及肩缀品级图式》制定后，不久即推广使用，是至清末的全西式海军服出现之前，中国海军夏季服装的标准样式。这套服装在中国海军军服史上意义重大，不仅是中国海军第一套和世界海军同步、同式的军服，而且军服本身采取西式，可谓破天荒之举，而其肩章的设计也为后世中国海军军服的设计提供了有益的借鉴和经验。

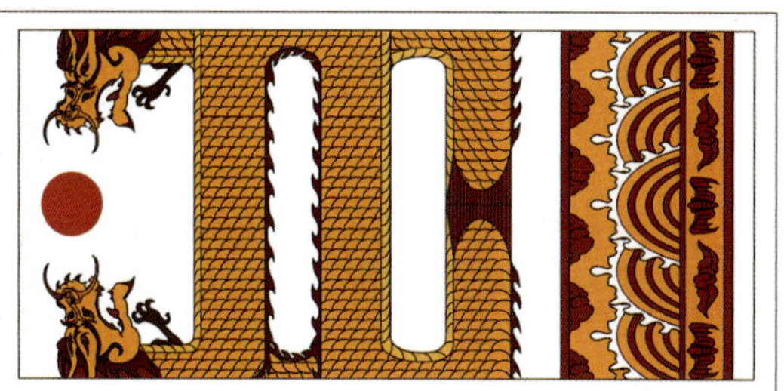

提督

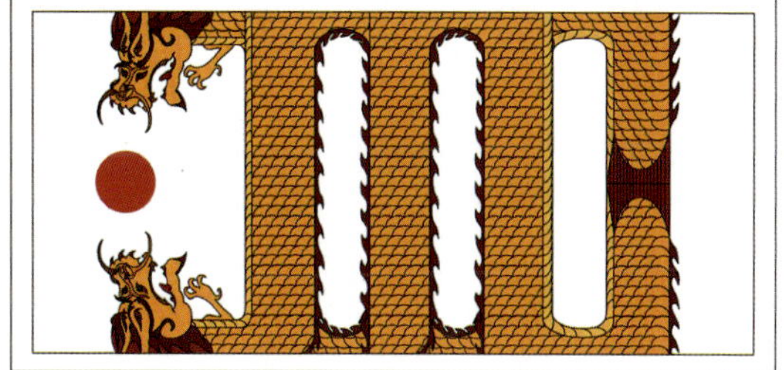

副将

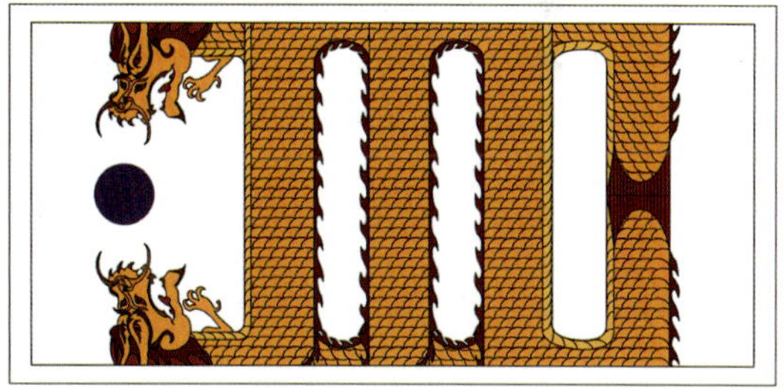

参将

游击

▲ *1902《图式》中所列出的夏季肩章式样*

1904西式军帽创制

1898年前后北洋水师对原北洋海军的瓜皮帽式常服帽进行了设计修改，结果因为外观酷似道士帽的造型，得不偿失，并不被各界认可。数年之后，南洋大臣张之洞治下的南洋水师做出尝试，在1904年前后以完全西式的军帽来替代原海军常服帽，成为中国海军史上全西式军官帽的创始。

在北洋水师改用“道士帽”时，南洋水师一度继续沿用北洋海军式的“瓜皮帽”，但在与国际交往日益频繁的背景下，也觉得这种造型古朴的军帽有了改革的必要。当时，南洋大臣张之洞与日本政商各界交往密切，南洋水师还向日本订造了“元、亨、利、贞”等4艘“江”字号炮舰，南洋水师对常服帽的改革，也很大程度上参考了日本海军。

1904年前后，细心的人会发现，南洋水师军官头顶的瓜皮帽突然都换成了西式的“大盖帽”，虽然配套穿着的春秋冬季蓝色军服还是传统的号衣式，但戴起西式军帽后，军官们外在的形象已然有了很大的“近代化”。

南洋水师改用的这种新式军帽主体为呢制，和当时还在使用的北洋海军式春秋冬季军服同色，帽檐采用黑色革制，总体样式上是标准的西方“大盖帽”式军帽。意义非凡的是，在这一军帽设计上，还同时出现了近现代西方海军军服中两个重要构成元素：金线、帽章。

所谓金线，即镀金的金属丝编织而成的织带，因为编织时采用特别设计的经纬纹路，带子的表面会显现出明显的高光线条，视觉效果金光灿灿，十分华丽。在西方海军军服中，金线被大量运用到帽章、袖章、肩章、领章、刀带以及军帽的装饰上，是海军军服上最重要的装饰辅料，根据金线的宽窄不一以及表面的高光线条的数量，区分等级高低。中国海军自北洋海军开始学习西方使用军衔袖章时，为了保持和体现中华文化特色，袖章的形式采用了中国传统的盘丝绣双龙戏珠，而没有像西方海军那样用金线作为材料来构成袖章图案。此举的好处是可以在设计上体现出中国海军的独特性以及中国的独特文化，但缺点是盘丝绣不可能像金线那样使用机器进行批量化预制生产，且无法做到工艺细节的足够标准化。直到南洋水师创制西式军帽，西方海军传统的服装饰料金线才第一次出现在中国海军的军服中，在当时，金线被用来当作军帽帽墙的装饰，在西式军帽的帽墙外钉缀一圈。金线的具体样式，直接采用了英国海军式，推测是从国外购买现成金线织带。

▲南洋水师新式帽章图

▲南洋水师军官饶怀文头戴新式军帽、身着传统北洋海军军服的留影，军服袖口的传统双龙戏珠袖章和军帽上欧式化的帽章相映成趣。供图/饶世中（饶怀文后裔）

在西方近代化军服中，帽章可谓是军服上具有灵魂性质的配饰，是一国军队的符号标志，往往就是一支军队的军徽。中国近代海军军服从船政水师时代以来，一直没有这种符号设定，南洋水师破天荒创制的西式军帽上首次出现了帽章。

南洋水师军帽上的帽章，无论从图案构成或是制作的工艺方式，都能看出明显受到了当时日本海军军官帽章的极大影响。帽章的底章为呢制，桃子形，与军帽、军服同为深蓝色。在底章之上，帽章的主图案分为两个部分，其居中的是缀在带有金属丝镶边的椭圆形黑色呢料上的海军锚，海军锚的材料为金属片压制，由于海军锚下的椭圆形黑色呢料具有一定的厚度，整体上充满了立体感，而这正是日本海军军官帽章中的经典设计。帽章上的另一重要图案环绕在海军锚的左右，西方式海军军官帽徽在此往往使用像树叶造型，而南洋水师帽章上采用传统的双龙戏珠图案取代之，海军锚左右各用金线盘绣一条飞龙，龙尾在帽章底部相连，龙首则在帽章顶部互相对视，衬托出正中央的一颗龙珠图案，龙珠的颜色和军服袖章上的龙珠颜色匹配。

南洋水师创制的这一完全西式的海军军官帽，极具趣旨，可圈可点，不过由于创制者是南洋水师，而非清廷默认的中央海军——北洋水师，这一军帽仅仅局限在南洋水师中使用，北洋水师则未予采纳。

1909全面西化的新式军服

1900年庚子事变后，感受到空前生存危机的清王朝在1905年着手预备立宪，决心全力学习西方。在海军建设方面，1905年当年清廷下旨，改变了北洋、南洋、广东三支水师各自独立的局面，实现“南北洋海军统一”，旋即着手改革海军军制，准备全面西化。在这一时代背景下，最迟不晚于1907年，中国海军中出现了划时代的全新军服，首先在北方地区的舰队水兵、海军学校学员中进行换装，其样式从军帽到服装完全西化，甚至连袖口的袖章也改成了金线绣饰。同一时间，全国海军军官的军服则迟迟未变，仍然身着北洋海军式的军服，只是常服帽已经改成了上述新军服体系中的西式大盖帽，值得注意的是，这种军帽以及帽徽的设计和此前出现过的南洋水师西式军帽完全不同。

这种最初先在水兵、学校学员中进行试穿的军服，经过在使用中总结经验并进行修订，最终在1909年形成了规范化的正式军服条例。1909年，清廷任命郡王衔贝勒载洵为筹办海军大臣，设立筹办海军事务处，统一管理全国的海军事务，中国近代海军发展进入清末新海军时代，就在这一年的8月24日，载洵上奏清廷，将此前实际上已经试行了两年左右的那套完全西式化的新军服设计方案和盘托出，称是“参仿各国成规”而设计制定，请求清廷加以批准。当时载洵奏呈清廷审查的军服规章的报告文本名称为《海军旗式及章服图说》，原件存世仅有孤本，现藏故宫博物院。经清廷审核以及责成筹办海军事务处进一步修订细化后，在当年颁定了正式定稿，名为《海军旗制服章图说》，同样存世仅有孤本，原件由笔者收藏，是中国海军第一套和现代西方海军标准完全接轨的军服制度。

由1909《图说》确定的这一新军服，不仅包括设计在内全方面与世界主流海军接轨，而且内容的设定极为细致、有条理，设计上也有很多优秀之处，也因此，1909《图说》的军服样式和制度模式成为一种绝佳的模板，此后民国北京政府、南京政府海军的军服规范即是在这一制度上重新修改而成。

▼ *曾任筹办海军大臣的载洵，其在推进清末海军服制方面发挥了很大作用*

▼ *1907年烟台海军学校师生合影，在这张照片上便可以看出当时已经在试行新式海军军服。照片里，前排就座的烟台海军学校校长谢葆璋（前排居中者）和官员、教习们所穿的还是北洋海军式军官服，但头戴的却是后来在1909年才定型的新式常服帽。后排的学员们着装变化更为彻底，从军帽到服装，全部换成了崭新的西式样式，军服的袖口上也出现了金线袖章*

官员制服

《海军旗制服章图说》的军服规范分为官员、士兵两部分，其中的官员制服首先建立在新的海军官员军衔制度基础上。1905年，清代陆军创制了和西方军制接轨的军衔体系，改革了中国流传千年的官员品级制度，新海军的军衔则与陆军相统一，共分三等九级。其中一等相当于将官，包括一等一级（正都统）、一等二级（副都统）、一等三级（协都统）；二等相当于校官，包括二等一级（正参领）、二等二级（副参领）、二等三级（协参领）；三等类似尉官，包括三等一级（正军校）、三等二级（副军校）、三等三级（协军校、海军学校见习生）。除此，海军的军衔也分兵科和术科，兵科官员称为军官，包括海军的航海科官员，术科官员称为军佐，包括轮机、军医、会计/书记等。

在具体的军服设计上，1909年《图说》流露出大量参考了当时英国海军服装制度的迹象，官佐服装制度里主要分为“章”和“服”两个系统。

所谓的章，即军服中的各种识别符号，海军官佐军服中的章包括了帽章、领章、肩章、袖章共四种，分别配合使用在不同的服装上。

大盖帽帽章：根据《图说》规定，大盖帽是海军官佐搭配礼服、公服、常服时戴用，其帽型和当时英国海军的大盖帽十分相似。帽章是大盖帽上最主要的徽志，其底章用蓝黑色呢子制作，桃形，底章上的图案分为三个部分组成，底章正中央缀有金属片压制的海军锚（军官用银锚，军佐用金锚），海军锚两侧环绕类似欧洲海军帽章上橡树叶、橄榄叶一般的植物叶片图案，《图说》中将此解读为是月桂叶，用金属丝盘结而成。金色桂叶在帽章的底部相交，在帽章的顶部衬托着一条戏珠金龙图案，金龙也是用金属丝盘结而成，龙珠位于整个帽章的上方最高点，龙珠颜色根据官员军衔不同有所区别，一等用红色珠，二等蓝色，三等白色。从帽章的细节中不难看出，设计对南洋水师之前创制的帽章方案做了借引。

▲1909版海军军官大盖帽帽章图

帽檐章：大盖帽的帽檐为黑色细漆皮制成，帽檐章则是用蓝黑色呢子制作成底章，最后缝在黑色漆皮的帽檐表面，用以标示海军官佐的军衔等级。呢子底章的轮廓和帽檐相同，基本上可以遮覆住帽檐的上表面。底章上的图案分为军官、军佐两个系统，其中一等军官以及二等一级军官充当统带官者，其帽檐章前后缘各用金线绣一道华丽的金桂叶图案，二等一、二级军官只在帽檐章的前缘绣一道金桂叶，二等三级及以下的军官帽檐为黑色，不覆帽檐章。军佐的帽檐章和军官类似，分成一等军佐章和二等一、二级军佐章，只是帽檐上的金色装饰改成中道金线，以便区分和军官的身份有别。

帽墙章：1909军服制度中的大盖帽分为配合礼服用，以及配合公服、常服用两种，二者的主要区别是礼服用的大盖帽在帽墙上有额外的帽墙章装饰，主要就是用宽窄和道数不一的织带钉缀在帽墙外。军官的帽墙章采用在肩章、袖章以及大礼服装饰上使用的欧式金线织带，1909军服制度的金线织带大致设定为宽、中、窄三种，一等军官帽墙围绕一圈宽道金线，二等军官帽墙围绕二圈中道金线，三等一、二级军官的帽墙绕一圈中道金线，三等三级则不用帽墙章。海军军佐的帽墙章和军官的设定基本相同，惟金线的颜色有所区别，轮机军佐用蓝色织带，军医军佐用红色织带，会计、书记军佐用银色织带。

大礼服帽：大礼服帽是穿着大礼服时配用的标准军帽，黑色呢制，帽型是欧式古典的三角帽，纵向戴用，现代国人习惯俗称为“拿破仑帽”“元帅帽”等。大礼帽左右两侧的上檐内外用镶边装饰，一等官佐及二等一级充当统带官的官佐用宽道金线镶边，其他官佐则用带有桂叶图案的黑色织带镶边，另外各等级官佐的大礼帽前后各镶嵌一个由五条金穗编结成的饰物。除此，大礼服帽子在右侧面装饰有十分独特的帽章，一等官佐及二等一级充当统带官的官佐的帽章用五条金绳装饰而成（中间一条宽道，两侧各两条窄道），二等官佐帽章用三条金绳装饰（中间一条宽道，两侧各一条窄道），三等一、二级用一条宽道金色绳作为帽章。为标识军佐和军官的区别，军佐的大礼服帽章上还根据所述专业的不同，分别装饰蓝、红、白色。

领章：1909军服制度中的领章是大礼服、礼服和公服的配饰，缝制在立领外，根据海军官佐级别高低，分为一等、二等、三等用三类。一等官佐领章用黑蓝呢为底，上面用三条中道金线覆满，而后镶配到衣领上，二等官佐用两条中道金线，直接镶在衣领的上下缘，三等官佐只用一条金线，在衣领的上缘镶配。

袖章：清末新海军军服的袖章一改之前沿用数十年的双龙戏珠章，完全使用欧式袖章，分为大礼服用

一等官佐大礼服领章

二等官佐大礼服领章

三等官佐大礼服领章

▲1909式海军官佐大礼服领章图样

一等一级

一等二级

一等三级

二等一级充任统带者

二等一级

二等二级

二等三级

三等一级

三等二级

三等三级

等二级充弁目长者

三等三级充弁目者

一等三级轮机军佐

一等三级军医军佐

二等一级会计/书记军佐

▲1909版军佐袖章图样

袖章，以及礼服、公服、常服袖章。

袖章配饰在军服的袖口，主体识别图案用金线织带环绕镶成，根据金线的宽窄、数量不同而区别军衔。一等一、二、三级分别对应一宽道加上三、二、一条中道金线，总体和西方海军军服中的上、中、少将的袖章相同。另外，1909军服体系中有类似准将级别的军衔设置，其袖章只有一宽道金线，这种级别主要适用于二等一级官佐充当统带者。普通的二等一级则使用四条中道金线袖章，二等二级使用三条中道金线，二等三级用上下两条中道金线、中间一条窄道金线的袖章，三等一级、二级、三级则分别使用两条中道、一条中道及一条窄道金线袖章。三等一、二级官佐如担任弁目长（士官长）职务，则在袖章下钉缀三颗镀金纽扣以示区别。三等三级官佐如担任弁目（军士），则不用金线，只在袖口钉缀三颗镀金纽扣。

以上金线袖章，如属军官服配用，其最上的一条金线在中央部分要盘结出一个圆环装饰（统带官的袖章因为只有一道宽道金线，所以格外用中道金线单独盘结一个圆环），军佐的袖章上则不用圆环。此外，军佐根据所述的专业不一样，轮机、军医、会计书记在袖章金线织带间分别杂有蓝色、红色、银色织线。

袖章在配饰于大礼服上时，还会格外在袖章的一侧覆盖袖翅装饰。袖翅用白色布料为底，外圈镶金线，根据一等、二等、三等不同，分别用宽、中、窄道金线。袖翅中央缀钉3颗金色纽扣，根据军衔一、二、三等，分别用大、中、小号纽扣。一等官员用的大号纽扣外圈有绳纹装饰，中央是海军锚和金桂叶图案，二等、三等官佐的中、小号纽扣图案中则没有金桂叶。这种根据官佐的级别而配用不同纽扣的区别，也同时体现在肩章上。

肩章：1909军服体系中的肩章主要用于大礼服、礼服、夏季常服，分为大肩章和普通肩章两类。

大肩章配用在大礼服和礼服上，其肩章平面看是长方形和椭圆形组合，外缘总体上用金线锁边，肩章表面覆带有6道高光线条的超宽金线，肩章上的符号由纽扣、双龙戏珠、锚、五角星四种构成，根据官佐的军衔高低不一而加以不同设计进行区别。一等官佐用大纽扣、双龙抱红珠、双

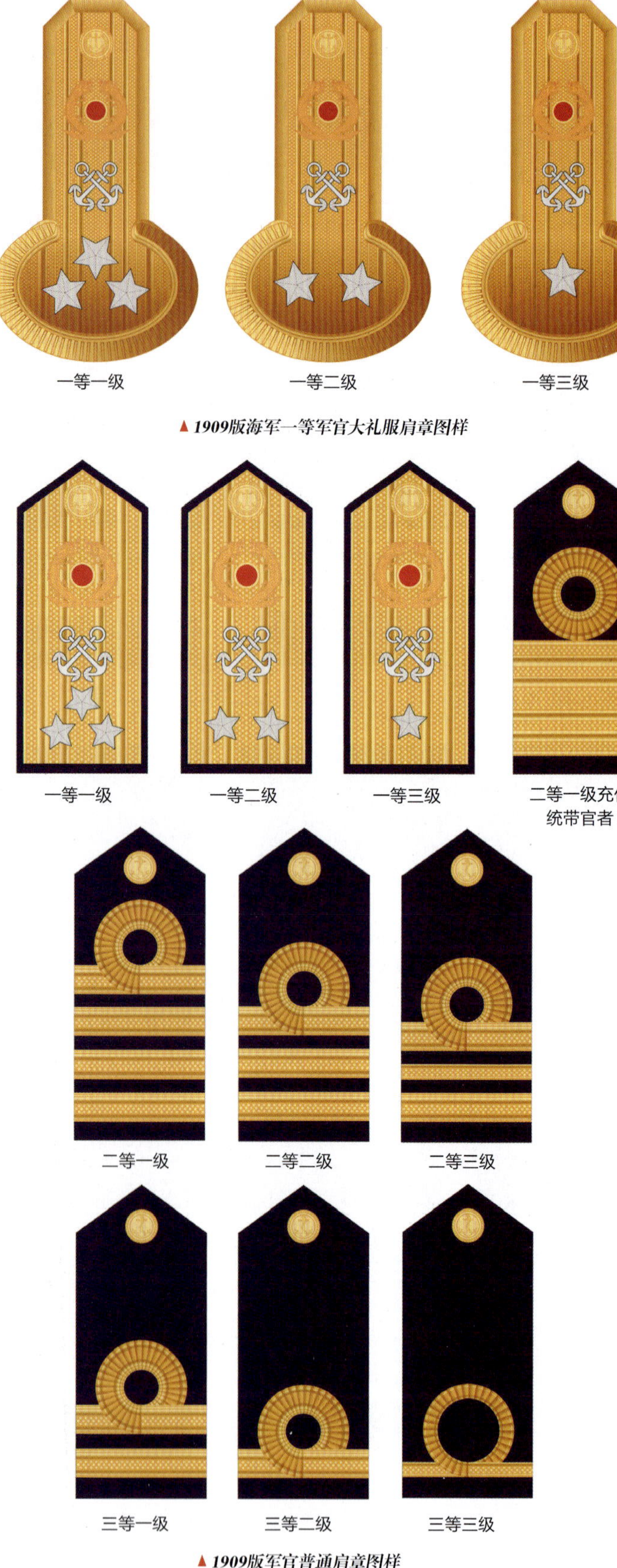

▲1909版海军一等军官大礼服肩章图样

▲1909版军官普通肩章图样

锚交叉；二等官佐用中纽扣、双龙抱蓝珠、单锚；三等官佐用小纽扣、双龙抱白珠、无锚。各等肩章又分别以肩章上五角星的数量来区别等级，一、二、三级分别用三、二、一颗星。按官和佐的不同，军官肩章上的锚和星为银白色，军佐的是金色。此外，军佐肩章的直边边缘上还会用代表其专业的其他色泽织带锁边，轮机、军医、文书/会计分别是蓝、红、白色。

大肩章上另外一处用以区别佩戴者级别的设计是肩章外侧的穗子，肩章的穗子用亮金穗，类似是金属丝盘结的弹簧一般，根据直径不同分为特大、大、中、小、超小五种。一等官佐的肩章穗用双层，外层是密集排列的20挂特大穗，内层是19挂小穗。二等一、二级官佐肩章穗外层是22挂大穗，内层21挂小穗。三等一级官佐肩穗外层是20挂中穗，内层19挂超小穗。三等二级军官的大肩章不配肩穗，三等三级军官的大礼服、礼服因为其样式是短服，不适用大肩章，因而没有大肩章的设定。

普通肩章配用于白色的夏季常服上，造型和现代人视觉经验中熟悉的肩章一致，肩章底板用蓝黑色呢制，表面图案按照官佐等级不一大致分为两个体系。

一等官佐（即将官）的普通肩章在黑蓝呢底之上，用宽道金线覆盖，两侧留出黑蓝呢窄边。金线上绣双龙抱红珠图案，镶双锚交叉亮片，而后根据级别不一，分别缀三、二、一颗五角星。其中，军官用银锚银星，军佐则是金锚金星。

二等、三等官佐的肩章则在黑蓝呢底上，完全按照各自袖章的组合模式，装饰中道、窄道等金线。其中军官的肩章上也会以金线盘结出圆环，军佐则没有这一设计，军佐的金线里另杂有表示其所属专业的特殊色。

参谋带：参谋带是1909军服体系中的重要服装配饰，其总体样式是用金线按照人字结编成金色带两条，一端各配一个金线结作为坠物装饰，另一端各用一条金色长绳连接。佩戴时，在大肩章、普通肩章的底托外侧安装一个金色环套，上有数量不等的环扣，将连接金色带的金色长绳穿系到环扣上固定。

按照《图说》规定，海军都统、侍从武官的参谋带为全金色，佩戴在右肩，以壮观瞻。各等级参谋官的参谋带用金、蓝两种线编成，佩戴在左肩，以表示其参谋人员身份。由于参谋带的佩戴必须依靠将环套固定在肩章底托下，在穿着不配有肩章的制服时（如公服、蓝色常服）如需佩戴参谋带或饰带，则需额外在一肩缝制一个黑蓝呢的单肩章，专为固定参谋带的环套所用。戴单肩章时，为显示佩戴者的军衔等级，一等军官在肩章下装三个环套，二等装两个，三等装一个。

大礼服：大礼服是海军官佐参加有本国、外国君主出席的重大礼仪活动或晚宴等隆重场合时的标准着装，其上衣为欧式的立领蓝黑色燕尾服（穿着时领口用暗钩扣住），胸前缝钉两排各7颗金色纽扣，服装上除配上相应的领章、袖章外，在腰后还有专门的锚纽腰翅装饰。其锚纽钉在后腰两侧（一等官佐上下各并排钉2颗，其他官佐并排钉2颗）以及腰翅下方（每侧3颗）、燕尾底部（二等、三等官佐燕尾底部并排钉2颗）。腰翅的形状类似于衣袋翻盖，后腰左右各一，只有一等、二等官佐大礼服上装饰，腰翅边缘用宽道金线镶边装饰，一等官佐和二等一级官佐任统带官者的两片腰翅上缘金线连接相交，以示地位尊崇。

与燕尾服式的上衣匹配，大礼服裤使用和上衣同色同料的西裤，在两侧裤腿边缝处缝金线裤章。一等官佐和二等一级官佐任统带官者在每侧各用一条宽道金线，二等官佐大礼服裤每侧各用两条中道金线，三

◄ *1911年“海圻”巡洋舰访问美国纽约，海军将领程璧光身着1909式一等三级军官礼服出席礼仪活动时的情景*

等一、二级官佐各用一条中道金线。

除上述外，穿着大礼服时还需按照规制配用大礼服帽，戴大肩章，以及系金饰刀带、挂军刀，手戴白色皮手套，脚穿黑色皮鞋。

1909《图说》中另规定，海军三等三级官佐（见习军官）在遇到应穿着大礼服的场合时，着常服、配短刀以充作代大礼服，弁目长（军士长）则穿礼服代大礼服。

礼服：礼服是出席一般性礼仪场合，或赴国外军舰拜会时的礼仪着装，其上衣样式是蓝黑色的下摆至膝盖的西服领长外套，前襟缝钉双排各7颗金色纽扣，腰后不论等级，一律在腰身折线处并排钉两个金色纽扣，外套内穿衬衫，系蓝黑色领带。礼服裤则与大礼服裤样式相同，只是不缝裤章。穿着礼服时，可以戴大礼帽或带有帽墙章的大盖帽，上衣上配大肩章、普通袖章，系金线刀带、挂军刀，戴白色皮手套，穿黑皮鞋。

公服：公服是比礼服降一等的礼仪和公务着装，主要在长官校阅、拜会长官、白天参加宴会等活动时穿着。公服的样式和礼服几乎完全相同，礼服上不配大肩章就是公服。穿着公服时，戴普通大盖帽（帽顶罩白色帽罩），系普通刀带、挂军刀（在港当值人员可以不佩刀），戴黄色皮手套，穿黑色中腰皮靴。

▼ ***1911年“海圻”舰访美期间在美国街头列队行进的中国海军官兵。照片里队伍最前方领头的是一位身着礼服、左肩挂参谋带、配长刀的三等一级参谋军官，在其身后是一位充当弁目的三等三级军官，他穿着的就是代礼服的立领版常服，头戴蒙着白色帽罩的大盖帽，腰际挂着短刀***

常服：常服是海军官佐平时穿着的军服，用蓝黑色呢或薄绒裁制。其上衣样式分为两种，一种为立领短上衣，前襟双排各钉5颗金色纽扣，衣领上缝带金色纽扣的白色领章，是海军三等三级官佐的代大礼服。另一种样式则是西服领短上衣，前襟双排各钉4颗金色纽扣。着常服时内穿衬衫，系蓝黑色领带，与上衣相配的常服裤则是同色西裤。和常服相配，需戴大盖帽（三等三级官佐穿立领常服时帽顶蒙白色帽罩），上衣袖口缝袖章，系普通刀带、配军刀（当值

◄ ***海军学生吴振南、许建廷身着1909式常服拍摄的照片***

▲身着常服的“海圻”舰官佐在舰上的合影

人员可不佩刀），戴黄色皮手套，穿黑色中腰皮靴。

夏常服：夏常服是海军官佐夏季的主要军服，也常在夏季作为代礼服、公服使用。夏常服用白布裁制，上衣为立领对襟短服，前襟缝5颗金色纽扣，左右胸前各缝一个口袋，军裤为同色西裤。海军官佐穿夏常服时，头戴蒙白色帽罩的大盖帽，配常服肩章，系普通刀带、挂军刀（平时在舰或在港时可以不佩刀，当值人员可以只系刀带），戴黄色皮手套，穿白色帆布鞋。

外套：外套相当于是海军官佐的作业服以及防风、防寒服，分长短两种。长外套样式类似于现代风衣，用于罩在常服外穿着，蓝黑色，小西服领（衣领可以竖起），前襟钉双排各5颗金色纽扣，腰后缝腰带扣两条。另配有蓝黑色防风帽，在严寒季节扣连到外套领口戴用。短外套的样式类似于西式的披风斗篷，小西服领（可以竖起），在胸前钉一颗大纽扣，也配有防风帽。为了在穿着外套时辨明军官等级，长短外套上都佩戴夏常服用的肩章。

雨衣：为蓝黑色防水布制作，样式类似于长外套和短外套的兼收并蓄。雨衣本身是无袖长外套，又在肩部缝有防雨披风，两肩也佩戴夏季肩章。

军刀：在西式海军军服体系中，军刀是海军官员的重要仪仗配饰，同时也是近身兵器，即可在军中

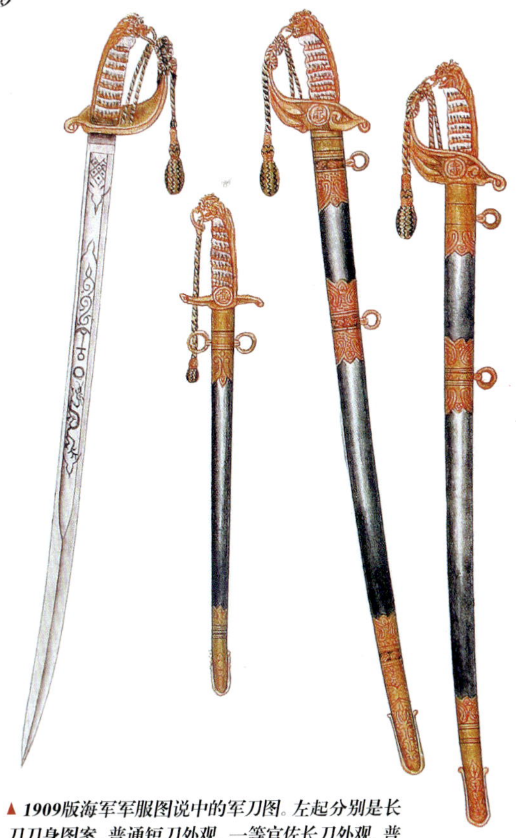

▲1909版海军军服图说中的军刀图。左起分别是长刀刀身图案、普通短刀外观、一等官佐长刀外观、普通长刀外观

▲ 1909《图说》中绘制的刀带图，从上至下分别是一等官佐金线刀带、二等官佐金线刀带、三等官佐金线刀带、普通长刀刀带、普通短刀刀带

▲ 1909式普通刀带带扣实物

显示官员不可侵犯的等级之威，也可以在战时拔刀格杀。1909式军装体系中的军刀参考了原北洋海军军服体系中的式样，又根据英国海军制度进行了细节丰富，基本上属于英国海军佩刀式样。

和英国海军一样，清末新海军的军刀也分为长、短两种，长刀是三等三级以上的官佐使用，长刀的刀柄为木质实心，外装饰以镀金饰件，柄首是龙头造型，刀柄握手处包白色珍珠鱼皮（弁目长、军弁所用的包黑色珍珠鱼皮），用细金线箍勒鱼皮，刀柄护手上有海军锚图案装饰，以及用以穿过、绑结刀穗的两个孔洞。长军刀的刀身用精钢制作，略微弯曲，从刀尖起开双刃，刀身表面有飞龙、海军锚图案。

军刀的等级区分体现在刀鞘装饰上。长刀刀鞘为黑色皮质，鞘口、中段、末尾各有一段金色箍装饰，称为上、中、下箍，上、中箍各安装一个挂环。一等官佐以及二等一级任统带官者所用的军刀刀鞘格外华丽，上、中箍的表面刻有桂叶图案，下箍表面刻忍冬花图案。二等及以下官佐的军刀刀鞘也有3段金色箍，但是表面只刻简单的线条装饰。

军刀中的短刀主要是三等三级官佐使用，即海军见习生使用。长度极短，如同匕首，刀柄和长刀类似，也有金色龙首装饰，握手包白色珍珠鱼皮，但不使用长刀那般的大包围式护手，而是用简单的横栓式护手，护手中央装饰有金桂叶环绕的海军锚纹章。短刀的刀体也是精钢制成，从刀尖起开双刃，刀体表面为十分漂亮的宝石蓝色。短刀的刀鞘为黑色鱼皮制，在鞘口和鞘尾各配金色箍，称为上下箍，上箍装有2个挂环，上下箍的表面没有装饰。由于短刀配挂时行动较为方便，海军其他高等级官佐也可根据需要自行选择挂用短刀，为了与三等三级官佐的短刀区别，其他各等级官佐的短刀采用和长刀一致的刀鞘金箍装饰。

刀穗、刀带：1909《图说》中同时还规范了军刀的刀穗样式，具体则和英国海军所用刀穗完全一样，即用金色、蓝色两种线绳编结而成，在末端结成漂亮的挂坠形绳结。刀穗绑结在刀柄上，长刀、短刀的刀穗外形一致，只是大小有所区别。西式海军军刀必须要配用专门的刀带挂于腰际，清末新海军的军佐刀带分为配合穿大礼服、礼服时所用的金线刀带，以及其他场合使用的普通刀带。普通刀带为黑色皮质，主体是一根腰带，有带扣，在腰带侧后装有两根下垂的窄带，带头装有挂钩，用以衔接军刀刀鞘上的挂环。刀带的带扣为铜制镀金，外围是一圈绳纹，中央镌有双龙抱铁锚图案，军官带扣图案中的锚为银色，军佐的是金色。金线刀带则是在普通刀带的基础上装饰金线而成，一等官佐的金线刀带表面缝整条的宽道金线，二等官佐的金线刀带表面缝两条中道金线，三等一、二级官佐的金线刀带表面缝一条中道金线。

士兵制服

清末新海军的士兵称作兵目、兵士，前者相当于西方海军的士官，后者则是普通水兵。士兵的制服同样也全面学习英国海军，其种类分为礼服、布服、工作服、外套雨衣等。

臂章：清末新海军的士兵岗位、军衔标识和北洋海军军服体系一样，也是采用臂章来辨识。臂章的底章是长方形呢制或布制，颜色分成蓝黑和白两种，底章上绣有不同的图案内容，兵目为金色图案，兵士为红色图案。此外，海军的三等三级官佐也有充当高级士官以及士官长职务的，称为弁目、弁目长，其身着军官服时也佩戴臂章，臂章图案内容为金色线绣制，图案中衬有金桂叶装饰，以显示身份的特别。

洋枪匠

枪炮弁目长

船匠弁

鱼雷弁 鱼雷匠

枪炮弁

轮机匠

军乐弁

电灯匠

铜铁匠

信号弁

看护弁

▲ *1909版弁目长、弁目臂章图例*

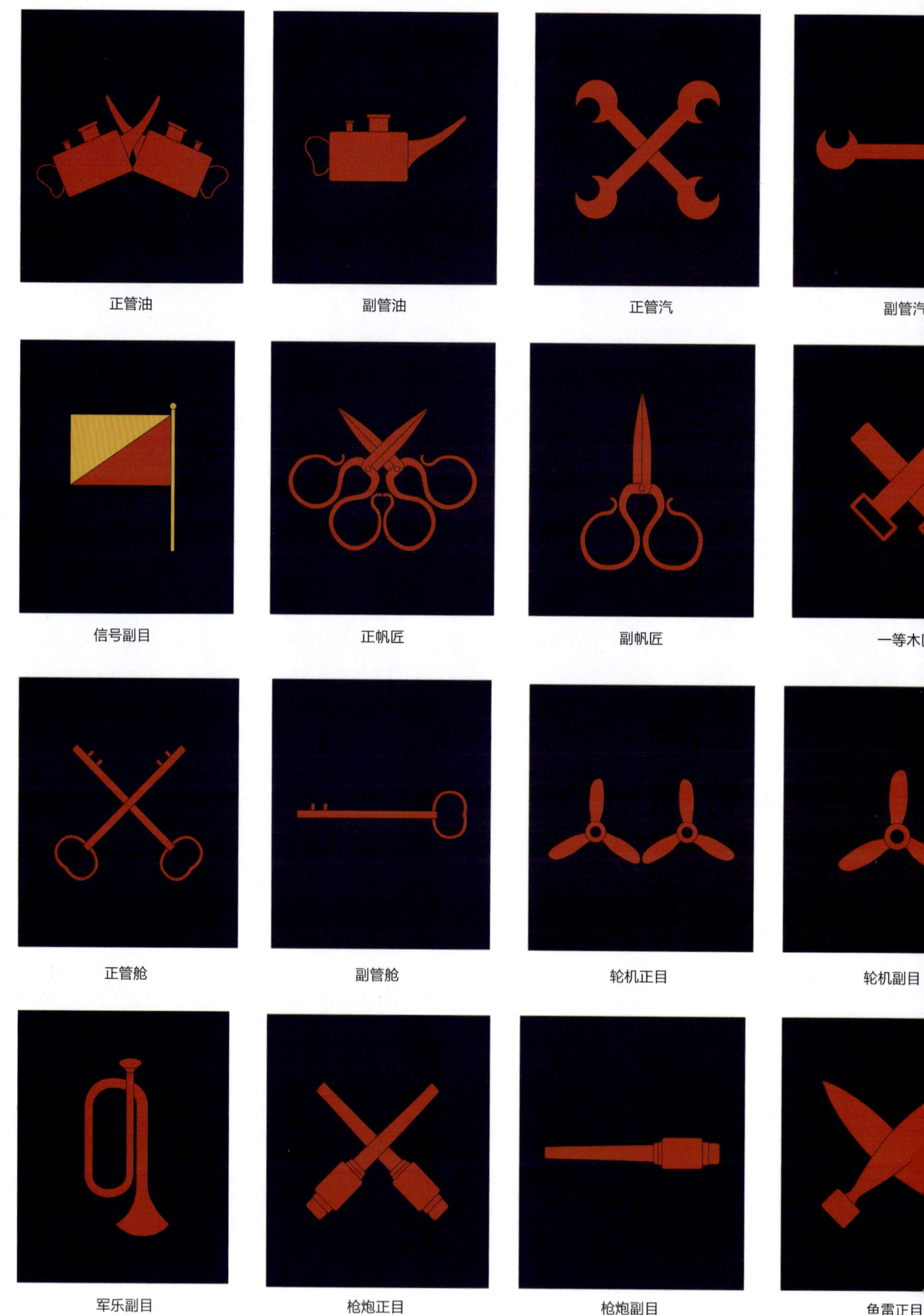

正管油 副管油 正管汽 副管汽

信号副目 正帆匠 副帆匠 一等木

正管舱 副管舱 轮机正目 轮机副目

军乐副目 枪炮正目 枪炮副目 鱼雷正目

看护正目

看护副目

信号正目

二等木匠

正油漆匠

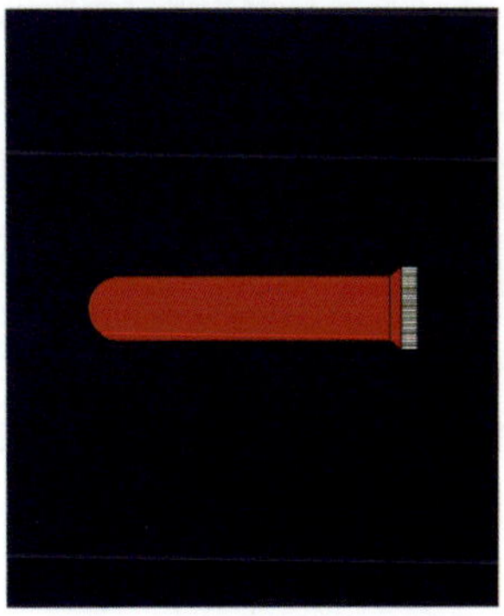

副油漆匠

船匠正目

船匠副目

军乐正目

鱼雷副目

水兵正目

水兵副目

◀ 1909版兵目臂章图例

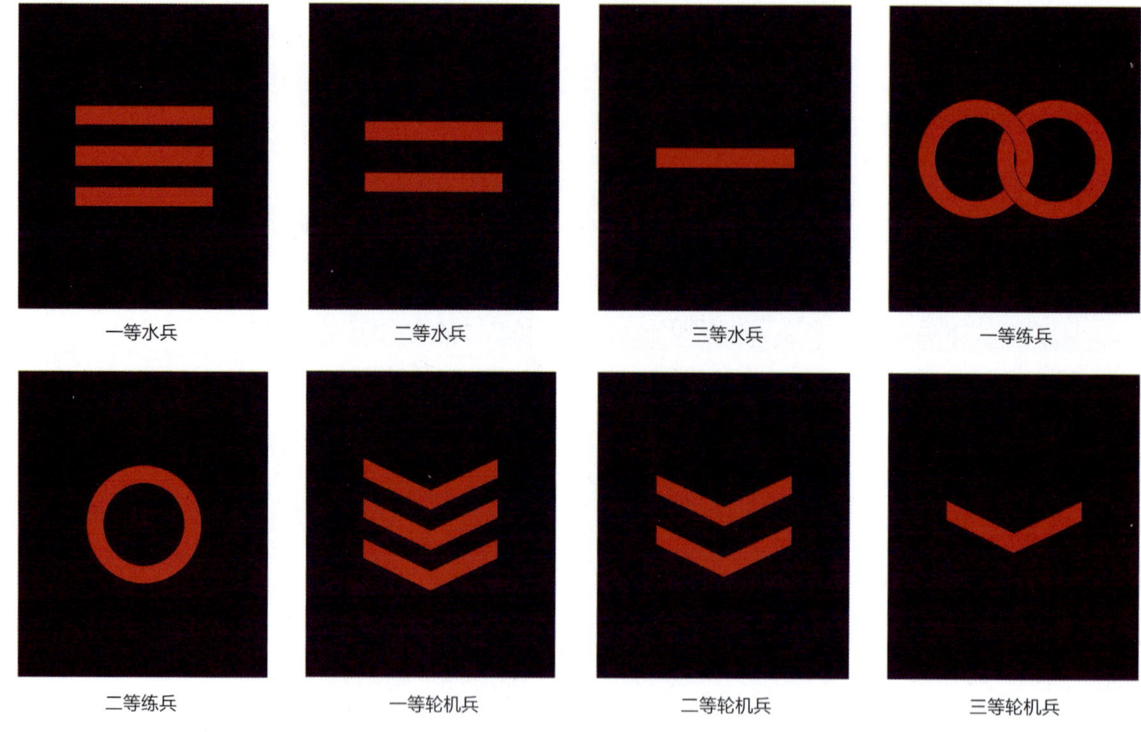

▲1909版兵士臂章图例

▲1911年“海圻”访问美国期间拍摄到的中国水兵照片，身着的是礼服，头上戴蒙白帽罩的呢帽，帽章用的是简洁版

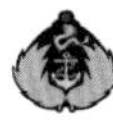

帽章：士兵服上的帽章即飘带，在1909年《图说》中称作捆带，分为呢帽用和草帽用两种。呢帽为蓝黑色，和当时英国海军的水兵帽样式相仿，无檐、软顶，飘带缝钉在帽墙上。飘带正面用金线绣有“大清某某军舰”汉字，文字左右两端各绣一柄海军锚作为装饰，文字和图案外用金线绣有一圈装饰性的外框。飘带在帽后留出较短的两条燕尾部分，上面各绣一柄海军锚图案。草帽的样式和北洋海军所用基本相同，其飘带和呢帽所用类似，但“大清某某军舰”两旁的锚及金线外框等装饰都取消不用，显得更为简洁。实际使用中，由于草帽飘带内容简洁、制作方便，渐渐取代了呢帽飘带样式，成为清末海军水兵服的通用飘带。

礼服：士兵礼服用蓝黑色呢制作，和英国海军基本同式。上衣开有V字形领口，从领口底边向外后翻出和衣服同色的披肩，披肩边缘镶嵌三道白色布条，因为上衣表面没有口袋，另在胸前内里缝有一个暗袋，礼服之内穿方领（领口镶蓝黑色边）汗衫。水兵礼服的军裤为西式裤，和当时日本海军的水兵裤样式相同，裤腰一圈开有12或16个锁孔，其中穿过黑色丝带系紧，腰下左右两侧各有一个斜口袋，腰下裆前为可以打开的整块方形布，上排横向钉7颗纽扣，左右竖向各钉4颗纽扣。与礼服配合，在礼服上衣的左臂缝臂章，着礼服式的军靴为皮靴。

布服：分为蓝色、白色两种，是水兵的常服，样式和礼服基本相同，主要是衣料有所区别。蓝布服上下均为蓝色，用蓝色布制，主要在春秋冬季穿着，穿旧的旧蓝布服即当作工作服使用。白布服上下白色，用漂白斜纹布制作，属于夏季士兵服，白布服的领口披肩用浅蓝色布制作，军裤腰下左右两侧的斜袋改为直袋。着布服时配臂章等规范与礼服相同。

1909年，新式军服开始全面装备，中国海军以焕然一新的姿态出现在世人面前，尤为特别的是，在更换新式军服的同时，为方便着装等考虑，清政府新海军官兵大量将发辫剪去，成为清政府军队中极为独特的群体。2年之后，辛亥革命爆发，清政府新海军以罕见的全军种倒戈的态势，投向革命军阵营，成为新生的中华民国海军。在中国海军服装史上意义重大的1909式军服使用未久便草草收场，以至于在历史影像中并没有被定格下太多的画面，仅有的特例便是清王朝巡洋舰“海圻”1911年访问美国期间的活动照片，成为新军服的遗影。

► *辛亥革命成功后，新生的中华民国海军在相对较长的一段时间里仍然沿用清代海军的1909式军服。图为民国南京临时政府首任海军总长黄钟瑛身着1909式礼服的标准照，黄钟瑛在清末海军的最高军衔为二等二级，其袖章原为三中道金线，出任民国海军总长后，自行在原三中道金线下加上了一条宽道金线，改成上将袖章。由于宽道金线距离袖口过近，明眼人很容易窥破个中玄机，另外尽管袖章做了更改，但黄手持的大盖帽仍然是帽墙上装饰有2道金线的1909式二等军官帽*

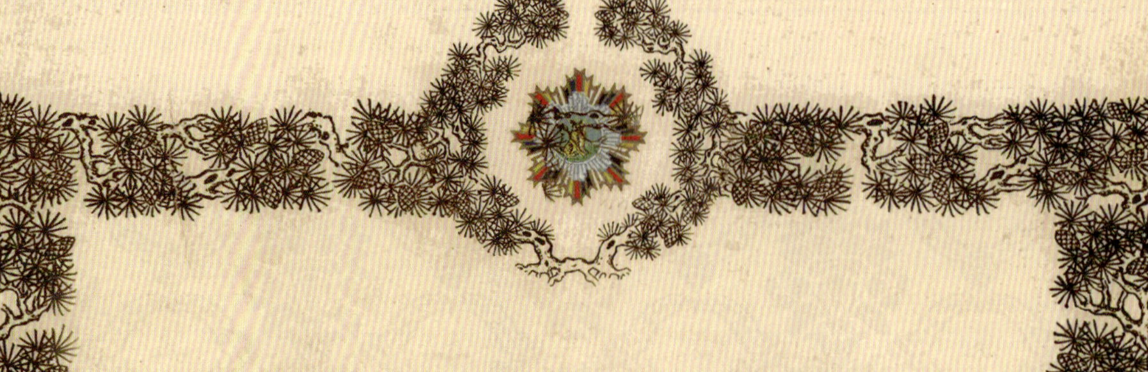

鼎革荣品

北洋袁世凯时期荣典制度探究

作者：章永乐*

*章永乐，北京大学法学院副教授。本文修改自《华东政法大学学报》2016年第1期的《国体、精英吸纳与荣典制度——以民国袁世凯时代为例》，有所增减。

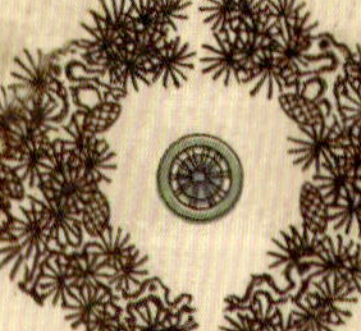

要理解民初北洋政府的荣典实践，在国体转换的视角之外，有必要增补一个“国家建设”的视角。从这一视角来看，尽管中国的国家建设领先于欧洲一千多年，但从19世纪中期以来，当欧美列强加速自身的国家建设进程的时候，中国经典形态的君主—官僚制国家却陷入了空前的危机。辛亥革命是这一危机的继续而非解决：各省独立继而联合的革命建国路径，进一步削弱了中央政府的财政、军事和人事权力，孱弱的中央政府同时还要面对来势汹汹的边疆分离主义的压力；而且，这一革命路径，使得地方主义势力可以极其便利地以共和主义政治话语为自己辩护。袁世凯所接手的，是一个碎片化的政治局面，如何从财政、军事、官僚制度等各方面重建一个可以运转的国家，是各派政治势力都必须要思考的问题。然而民初政治精英的高度分裂，使得国家重建的工作变得异常困难。北洋政府的荣典实践，可以被看作是对这种高度分裂的精英政治局面的回应。从事后的眼光来看，这种回应并不成功，但哪怕是失败的经历，也是20世纪中国“旧邦新造”历程的有机组成部分，值得我们总结和反思。

▲ 作为一个历史人物，袁世凯一直以来充满争议。在他的主导下，中国开始建立完备的勋赏荣典体系。他也以此为表率。图为他身着大礼服佩戴大勋章的照片。他还佩戴着日本、奥匈帝国、普鲁士等国的星章

国体之迷思

“勋之谓者，必王者之走狗也，皇帝之奴隶也。”1912年12月8日，戴季陶在其政论《民国之怪物——勋位》中如是说。他所评论的是袁世凯总统于当年8月8日颁行的《勋位令》，以及之后因为勋位授予所引发的一系列风波。戴季陶反对《勋位令》的核心理由是：“民国对于专制君主国，所标榜者曰平等，曰自由，曰博爱……以国民言，为国民尽力，以谋公共之幸福，其尽力也，应尽之责也，是不必为功。果以为国民尽力者为功，是轻视国民，亦轻视尽力之人也。”

我们无法确证熟读卢梭《社会契约论》的戴季陶在写下这些文字的时候是否已经阅读严复所翻译的孟德斯鸠《论法的精神》，但这些文字的精神却与孟德斯鸠对共和国的描述如出一辙。在《论法的精神》里，孟德斯鸠指出，因为民主制下执行法律的人本身也需要服从法律，因此就需要美德作为其动力；由于统治集团比在民主制下小，贵族制需要的美德比民主制少一些，但同时需要节制；君主制并不依赖于美德，而是“……有另一个动力，这就是荣誉。荣誉就是每个人和每个阶层的成见，它代替了我所说的政治品德，并且处处做品德的代表。在君主国里，它鼓舞最优美的行动；它和法律的力量相结合，能够和品德本身一样，达成政治的目的……有君主政体就要有优越地位、品级，甚至高贵的出身。荣誉的性质要求优

▲ 对北洋荣典制度持强烈抨击态度的戴季陶

遇和高名显爵”。共和制（含民主制和贵族制）与君主制的对比，因而集中到美德与荣誉的对立上。荣誉可能是对美德的奖赏，但与美德终究是两种不同的东西。美德发自内心，而且并不要求回报；而荣誉本身就是一种奖赏，鼓励特定的外部行为和状态，并不直接追问人的内心状态。美德与公民的平等状态相匹配，而荣誉却总是对人进行区分，打破人的平等状态。

在新生的中华民国中，显赫的总统荣典权和丰富的荣典实践，在很大程度上挑战了孟德斯鸠和戴季陶的国体论述。荣典权一般被界定为宪法规定的代表国家颁赐荣典、荣誉以及对有重大贡献或特别优秀者授予勋章、荣誉职衔、荣誉称号等的权力，通常属于国家元首的职权。1912年南京临时参议院制定的《中华民国临时约法》第三十九条规定“大总统得颁给勋章并其他荣典”，从而确立了总统的荣典权。“其他荣典”四字为总统留下了很大的自由裁量空间，而这也是袁世凯比较倚重的一个条文。袁除进一步完善孙文已开始建设的勋章制度，还进一步发展了爵位、勋位制度，在亚洲内陆边疆地区，他甚至比清朝更慷慨地授予爵位。1914年开始，袁又广泛授予“将军”称号，并建立文官官秩；1915年，早在复辟帝制之前，袁已经放出在内地恢复爵位制度的风声。对这些荣典实践的常见回应是，这恰恰说明袁世凯时期的中华民国是一个“伪共和国”，袁的种种荣典实践，指向的是君主复辟的目的。

笔者并不怀疑袁世凯的个人权力欲望膨胀的事实，但怀疑用袁世凯的个人动机就可以完全解释北洋政府的荣典实践。举例来说，在中国的亚洲内陆边疆地区继续颁发爵位，很大程度上是1912年“大妥协”的结果，这一做法也得到了同盟会/国民党的认可，甚至国民党在1928年完全推翻北洋政府之后，也无法做到在内陆边疆地区取消王公爵位；袁世凯所建立的荣典制度，一些（如官秩）在其死后被废除，但也有不少被后来的北洋政府继承下来。事实上，没有任何一个现实中的共和国是真正按照孟德斯鸠和戴季陶的美德理念来运作的。诞生于大革命的法兰西共和国建立了勋章制度，诞生于独立战争的美利坚合众国也向国民授予奖章。用一种过于简单的君主/共和、荣誉/美德的两分法，完全无法理解这一时期中国所面临的错综复杂的内外挑战，以及政治精英对这些挑战的回应。

品位、职位与荣典

顾名思义，荣典是一种奖励，但奖励又存在各种不同类型，有的奖励以事为中心，重在肯定和鼓励特定的行为，作出突出的贡献，才会获得相应的奖励；但有的奖励以人为中心，被授予者是否作出突出贡献是次要的，甚至有可能仅仅凭借其身份与地位，就可以获得奖励，因此这种奖励的关注点在于区分不同的社会与政治等级，以实现“精英吸纳”的政治效果。这两种奖励当然会有很大的交集，以事为中心的奖励在客观效果上可能会区分出不同的社会与政治等级，而以人为中心的奖励也不会完全不考虑贡献，从而形成一条连续的光谱。

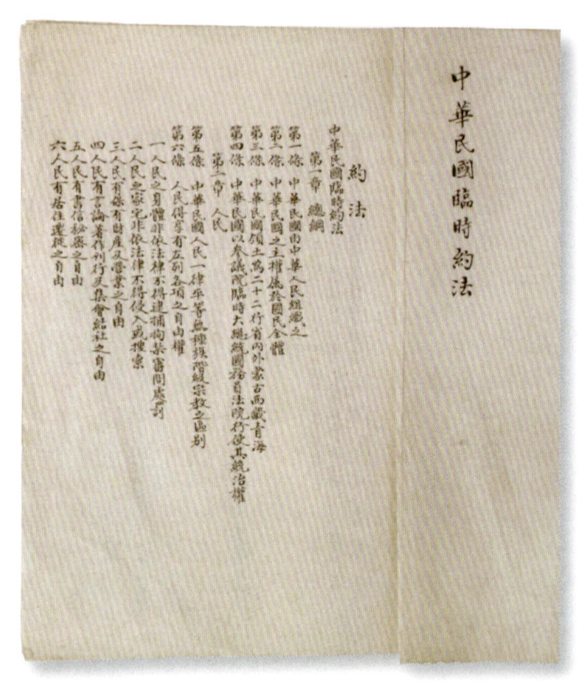
中華民國臨時約法

約法

中華民國臨時約法

第一章 總綱

第一條 中華民國由中華人民組織之

第二條 中華民國之主權屬於國民全體

第三條 中華民國領土為二十二行省內外蒙古西藏青海

第四條 中華民國以參議院臨時大總統國務員法院行使其統治權

第二章 人民

第五條 中華民國人民一律平等無種族階級宗教之區別

第六條 人民得享有左列各項之自由權

一人民之身體非依法律不得逮捕拘禁審問處罰

二人民之家宅非依法律不得侵入或搜索

三人民有保有財產及營業之自由

四人民有言論著作刊行及集會結社之自由

五人民有書信秘密之自由

六人民有居住遷徙之自由

▲《中华民国临时约法》第三十九条曾规定“大总统得颁给勋章并其他荣典”

阎步克先生在《品位与职位——秦汉魏晋南北朝官阶制度研究》一书中对“品位”与“职位”做出细致区分，对于我们理解荣典制度上的侧重点有很大帮助。品位“以人为中心”，职位“以事为中心”。重职位，待遇就跟着职位走，官员若无职无权，也就没有待遇可言；重品位，则即便官员无职无权，也能得到跟着品位走的一系列待遇。而品位的授予就未必基于官员的突出贡献，而是基于对出身、资历、贡献等方面的综合考虑。因而，重品位通常意味着统治者更重视官僚个人利益，对官员积极笼络；重职位，意味着统治者要求官员更具服务精神，做好螺丝钉。

民国袁世凯时期存在的荣典主要有三种：勋章、勋位与爵位。但同时还存在两种与荣典制度非常接近，并发挥一定荣典功能的品位制度：将军制度和文官官秩。将军与官秩是分授给文武官员的品位等级，与职位并不对应，完全有可能无职无权而位居极高品

级，在此意义上，它具有一定的荣典意涵。

在民国袁世凯时期，爵位制度是品位属性最强的，因为它首先是清朝皇权与藩属制度的残留物，本来就是清朝统治者用来巩固满族精英团结和笼络各少数民族上层人士的制度。这种爵位的授予通常不问功勋，而只看“精英吸纳”效果。笔者将文官官秩和将军制度排在第二位。这两种制度本来就是被作为品位制度设计出来的，以补充民国政府已存在的职位制度。袁世凯设计出这两种制度，固然是对中国古代品位制度的模仿，但其更为紧迫的考虑是为了整顿官僚系统和军队，将一些领导人不信任的官员和将领调离领导岗位，同时给予品级作为补偿。在此意义上，它与功勋的关系也比较淡薄。从名义上说，勋章和勋位都是对功劳的奖赏，只是针对不同的对象，前者针对文武职官，后者针对全社会。但勋位从数量上比勋章要少得多，袁世凯利用这一针对全社会的荣誉制度来笼络社会精英人士，尤其值得一提的是，他为爵位的持有者同时也配发了勋位，而这跟功勋实际上也并没有多大关系。因此，袁世凯所颁发的勋位比勋章的品级色彩要更浓厚一些。

但即便是勋章，与功勋的关系也未必非常紧密。袁世凯制定的勋章制度与文武职官的职位等级挂钩，一定等级之下的职官，哪怕有天大的功劳，也无望获得高等级的勋章；而职位高的职官，即便没有太大功劳，也能轻而易举地获得较高等级的勋章。

因此，从总体上看，袁世凯时期的荣典，即便是在内地，其“奖功”的属性也不是很突出。我们更容易看到的是袁世凯利用荣典来笼络各个派系人士和各民族上层精英，从而发挥某种“精英吸纳”的作用。

将军制度与文官官秩——“品位”的回归

袁世凯于1914年引入将军制度与文官官秩制度。从法律技术的角度来说，这两种制度都属于“官制”而非“荣典”。但即便算入官制，它们也是可与职位相分离的、“以人为中心”的品位制度。在现实之中，袁世凯也将将军名号与文官官秩的授予作为笼络精英的手段。

辛亥革命中，革命各省宣布独立于清廷，一些革命派人士出任都督，但也有一部分旧官僚（如江苏巡抚程德全）摘下顶戴，摇身一变成为都督。可以说，都督的产生具有“自我任命”的性质。不仅如此，南京临时参议院直接从各省都督府代表联合会转变过来，在建国立宪过程中，省因而处于比中央更为基础的地位。而《临时约法》也没有规定央地关系，中央政府对各省的行政很长一段时间处于无法可依的局面。各省都督拥兵自重、不听中央号令的情况非常普遍。袁世凯努力获取一些重要的实力派的支持，推动“军民分治”，中央向各省派遣民政长。1913年，袁世凯通过镇压“二次革命”，剥夺了国民党在南方的军队，但执行镇压任务的北洋军驻扎到地方之后，又形成了一些新的地方实力派。于是，在1914年，袁世凯着力削弱各省军权。6月28日，袁世凯公布了《各省军政民政长官管辖军队权限条例》，提升省长权力，削减都督权力。随即，袁世凯又废除都督名号，改设直属于将军府的将军，并特任陆军上将段祺瑞为建威上将军兼管将军府事务。7月18日，颁布《将军府编制令》和《将军行署编制令》。前者规定，“将军府直隶于大总统，为军事上最高顾问机关”。将军府设置将军、参军、参谋、副官等。将军由大总统于陆海军上将或中将中特任，“承大总统之命，会议军政，校阅陆海军”，其称号“由大总统特定”。后者规定，将军“于驻在地方设置将军行署”，执行大总统的命令，受到陆军部、参谋部的监察、指示，执行军政事务及军事计划，这就大大压缩了将军在地方上的用兵自由度。通过将都督制度改成将军制度，军界的地方实力派从名义上由直属于大总统的将军府直接管辖，而其督理地方军务，只不过是一个兼职。

“将军”名号为军阶之外的荣誉衔。袁世凯根据多种标准来授予将军名号。首先是依据将军是否掌有地方实权。“督理”某省军务的地方实力派通常被授予冠“武”字的将军名号，而任职中央或闲置的被授予冠“威”字的将军名号，一些被任命“署理”地方军务的将领，也被授予“威”字名号。如1915年北洋陆军第2师师长王占元获任壮威将军并署理湖北军务，至1916年春，改“署理为督理”，同时其名号也从“壮威”变成“襄武”。比较特殊的是奉天、吉林和黑龙江三省，其将军分别称镇安上、左、右将军；而以文官巡按使兼督办该省军务者，则只加将军衔。为贯彻“军民分治”思想，将军名号中往往还刻意显示与民政官员的分别。如阎锡山当时被授予“同武将军督理山西军务”，“同”即大同，暗示以后要驻节大同而非省会太原。而山东都督靳云鹏被授予“泰武将军督理山东军务”，“泰”即泰安，暗示以后要驻节泰安。

不仅如此，袁世凯还逾越自己制定的《将军府编制令》，创设了“上将军”名号，授予实力较强以及与自己关系较为亲密的部分将军。段祺瑞最早获得建威上将军称号，后来获得上将军称号的还有张锡銮（镇安上将军）、冯国璋（宣武上将军）、段芝贵（彰武上将军）、龙济光（振武上将军）、张勋（定武上将军）、姜桂题（昭武上将军）、陆荣廷（耀武上将军）等人。

从1914年建立将军府到1916年袁世凯去世，北洋政府共封授21位将军。袁世凯鼓励地方实力派放弃自己的军队和地盘，到北京入住将军府，入府者给俸千元，待遇超过陆军总长与驻各省的将军。此略有“杯酒释兵权”之意，只不过在民初，大洋并不足以让地方实力派放弃实权，而只是给已经在权力斗争中失势的地方实力派以某种安慰罢了。入府的将军，一些一直驻扎北京，从未成为地方实力派，如获授“建威上将军”的段祺瑞；一些早在建府之前就丧失地方实力派地位，如获授“义威将军”的孙武，1912年3月即因武汉革命党人反对而引退；获授“昭威将军”的蔡锷，1913年10月即被袁世凯调到北京；获授“宣威将军”的蒋尊簋，1912年7月即因派系斗争，被排挤离开浙江都督位置。但也有在建府之际刚刚丧失权力的，如前陕西都督张凤翙。1914年，袁世凯心腹陆建章率军以追讨白朗的名义进入陕西省，顺势夺取了张凤翙的军权，袁世凯于6月免去张凤翙在陕西的职务，将其调至新建的将军府担任扬威将军；1915年7月，袁世凯授予原督理四川军务的胡景伊以“毅威将军”衔，并授以“参政”头衔，以“入觐”名义调离四川，为其亲信陈宧督理四川军务留出空间。

同时，也存在入府后被改派到地方督理军务的情况。1914年8月，豫南剿匪督办赵倜因剿灭白朗有功而获授“宏威将军”，9月，即改任德武将军兼督理河南军务。陈宧于1915年6月被任命为毅威将军，8月即改任成武将军兼督理四川军务。但以上两位都是袁世凯所着意重用的人。相比之下，王占元的例子就比较特殊。王在镇压二次革命之后即成为湖北地方实力派，先后赶走了段芝贵和张锡銮两位顶头上司，1915年10月袁世凯封其为“壮威将军”，但王占元并不到北京入将军府，而是继续待在湖北，并于护国战争打响后的1916年1月从袁世凯处获得了“襄武将军兼督理湖北军务”头衔。

我们不能说将军制度毫无用处，它从制度上将地方都督纳入中央直接管理，对于袁世凯重建中央对于地方军权的控制起到了一定的辅助作用，至少给了失势的地方实力派以某种安慰，稳定其心态。然而，像王占元这样拥兵自重，逼迫主上连授“威”“武”称号的地方实力派的存在，说明中央政府在军事上并不具有绝对优势。

▲ 佩戴勋一位章和其他北洋勋章的段祺瑞，他也是第一批获得勋一位章的要人之一

▲ 佩戴勋二位章和其他北洋勋章的陈宧，他于1913年10月获颁

▲佩戴勋三位章和其他北洋勋章的齐燮元

▲佩戴勋二位章和其他北洋勋章的吴佩孚，他于1920年10月获颁。后于1921年9月晋为勋一位

▲佩戴勋一位章和其他北洋勋章的张作霖，他于1919年10月获颁

▲佩戴勋一位章和其他北洋勋章的张宗昌，他于1927年8月获颁

将军制度的建立也带动了与武官相对的文官序列的官秩的出现。北洋政府废除了清代的9品18级制，1912年10月16日颁布的《中央行政官官等法》将行政官分为特任官、简任官、荐任官和委任官4级。特任官由大总统以特令任命，简任官由大总统直接选任，荐任官由各主管长官推荐呈请大总统任命，委任官由主管长官直接任命。特任官、简任官、荐任官和委任官四个等级略有品位之意，但并不与职位相分离。

袁世凯1914年7月28日颁布《文官官秩令》，令称："历代官制精意，重在官与职分。诚以因资序官，斯人无躁进，量才授职，斯事有专责。"故"本九品官人之法，仿六计弊吏之道"，特定官秩令，以便"贤者在位，能者在职，矢靖共之意，杜奔兢之风"。文官分为九秩，即上卿、中卿、少卿、上大夫、中大夫、少大夫、上士、中士、下士，另外还有同中卿、同上大夫等秩。此制源于《礼记》"夏后氏官百，天子有三公、九卿、二十七大夫、八十一元士"之记载。九秩制度与原有的特任官、简任官、荐任官和委任官四等品级制度挂钩，具体是：特任级官吏可授上、中、少卿，简任级官吏可授少卿及上大夫，荐任级官吏可授中大夫，中、少大夫及上士，委任级官吏可授上、下士。按照此令，授徐世昌为上卿，杨士琦、钱能训为中卿，各部总长除海、陆两部属武官外，都授中卿，章宗祥、汤化龙授少卿加中卿衔。已死的赵秉钧追赠上卿，宋教仁追赠中卿。

尽管获授官秩的基本上是在职官员，但文官官秩的建立，为重新引入古代的"官职分离"提供了条件。在此制下，袁世凯可以通过封授没有职权的散官，以笼络各路政治精英，同时也可以通过授予较高官秩，将一些其不愿意任用的官员放到闲职上去。只是因为官秩运行时间比较短，其作用并未得到充分的发挥。随着1916年袁世凯称帝失败，该制度也被废止。而将军制度在袁世凯死后也发生一些变异，各省将军改称"督军"，"将军名号只限于退职及长官以下各员，略示鼓舞之意"。其"统战"军界精英的特色比袁世凯时期更为突出。

最后，值得我们注意的是将军名号与官秩秩序的象征符号维度。将军用"威"、"武"字样，官秩设九卿，指向的是中国古代的伦理与政治世界。那个世界从价值观、制度到器物，是浑然一体的。而共和革命之后，我们看到的是价值、制度和器物等各个层面之间的脱节乃至激烈对抗。袁世凯改官制，无疑代表着一种重建与古代世界连续性的努力。至少在1914年，这种努力基本上还能得到厌倦1912年～1913年政争的立宪派和北洋集团人士的容忍乃至认可。

▲佩戴勋二位章和其他北洋勋章的张謇

荣耀的泡沫——勋章与勋位

孙文于1912年3月1日颁布的《勋章章程》将其授予对象限定于军人，袁世凯于7月29日颁布的《勋章令》和《颁给勋章条例》则将受勋的范围扩展到文武官员。根据这两个文件的规定，普通勋章分为大勋章和九等嘉禾章共十种：大勋章由大总统佩戴，或由大总统特赠外国大总统、外国皇帝君主；一至九等嘉禾章分授予“有勋劳于国家者”和“有功绩于学问及事业者”。值得一提的是，在官级和勋等之间存在着一定的对应关系。“初受嘉禾章特任官自三等起，简任官自四等起，累功俱得递进至一等。荐任官自七等起，累功得递进至三等。委任官自九等起，累功得递进至五等。凡著有功绩于学问或事业者，初受嘉禾章时自九等起，亦得因所著功绩自七等起，但俱得累进至一等。”

大勋章

大勋章设立时间于1912年12月6日，主要授予大总统，或赠予外国元首。不分等级，大绶，大红绶带，银镏金珐琅嵌宝石工艺制作。样式直接沿用了宣统皇帝之大宝章图样，唯有主章背面篆书文字由“大宝章”改为“大勋章”。

主章直径为105毫米，银镏金分四层打造，中心层用珍珠、珊瑚、宝石浮雕镶嵌的十二种中国传统物象图案，分别是：日、月、星辰、山、龙、华虫、宗彝、藻、火、粉米、黼、黻，外圈再环以36颗珍珠，极其华美。外层三层成八出的锐角形状，由内至外分别是蓝色珐琅层、红色珐琅层及外圈光芒层。副章直径为74毫米，银镏金分三层打造，双面珐琅工艺。正面图案与主章一致，背面垂直篆刻“大勋章”三字，绶带为大红色。十二种图案叫“十二章”，最早出现周代，后为大明皇帝冕服纹章，日、月、星辰、山、龙、华虫，其序自上而下，为衣之六章；宗彝、藻、火、粉米、黼、黻，其序自下而上，为裳之六章。

▲佩戴大勋章的袁世凯，比较显眼的还有一枚法国荣誉军团星章

▲袁世凯就任中华民国总统典礼的庆祝券，上面就是大勋章图样。请注意这张券是发给莫理循的。他是中国近代史上最为著名的一位英国人

▲佩戴大勋章和其他北洋勋章的冯国璋，他于1917年1月获颁

▲据传是黎元洪墓中出土的大勋章

大勋章是大勋位章的一种特殊形式，为中华民国（北洋时期）至高荣誉勋章。大总统离任后，则佩戴大勋位章，民国史志记载9人获佩此章：

1. 袁世凯（1912年10月10日）
2. 黎元洪（1912年10月10日特授）
3. 日本大正天皇（1915年11月10日赠予）
4. 孙中山（1912年10月10日袁世凯曾授孙中山，但孙中山拒受）
5. 冯国璋（1917年7月6日）
6. 徐世昌（1918年10月10日）
7. 段祺瑞（1919年9月15日）
8. 曹锟（1923年10月10日）
9. 张作霖（1927年）

遗憾的是，目前尚未见到大勋章实物保留下来。（以上文字感谢苏楠先生提供）

嘉禾勋章

嘉禾勋章设于1912年7月29日，1916年10月7日设定为九等十级（后有变动），一等为大绶，二等于1916年2月2日设为二等大绶和二等无绶，三等领绶，四、五、六、七、八、九等为襟绶，各等均有表（即授予证书）。

嘉禾即生长得特别茁壮的禾稻，古人视嘉禾图案为吉祥的象征。民国成立后，嘉禾图案取代清代的龙纹经常出现在货币、徽章上，并具有简易国徽的性质。嘉禾勋章为金色或银色八角，角之间为数量不对等光芒，圆形中心为白底金色嘉禾图案，下端是五色彩带，圆形边缘为绿或蓝底，上有八组五色圆点图案。铜质珐琅多层结构，背面圆形中心为红底篆书“嘉禾勋章”字样。

一等大绶嘉禾勋章的绶带为黄色红边，二等大绶嘉禾勋章的绶带为黄色白边，三等嘉禾勋章的绶带为红色白边，四等嘉禾勋章的绶带为红色白边加结，五等嘉禾勋章的绶带为红色白边，六等嘉禾勋章的绶带为蓝色红边加结，七等嘉禾勋章的绶带为蓝色红边，八等嘉禾勋章的绶带为白色红边，九等嘉禾勋章的绶带为黑色白边。

嘉禾勋章授予那些有勋劳于国家或有功绩于学问、事业的人，授予等级按授予对象的功勋大小及职位高低酌定。其中：

1. 初授特任官员三等起可进至一等；
2. 初授荐任官员七等起可进至三等；
3. 初授委任官员九等起可进至五等。

嘉禾勋章着军礼服时佩戴，一、二等嘉禾勋章佩戴于左襟中部，大绶由右肩斜至左肋下；三等嘉禾勋章以领绶佩戴于领下正中；四等以下以襟绶佩戴于左襟。（以上文字感谢苏楠先生提供）

▲▶ 一等嘉禾章星章。供图/Morton & Eden

▲ 原盒一等嘉禾章。供图/世纪富凯

▶ 一等嘉禾章授章。供图/Morton & Eden

▲原盒全套二等嘉禾章。供图/Hermann Historica

◄▲ 原盒二等无授嘉禾章。供图/
Hermann Historica

▼ 二等嘉禾章星章。供图/Stack's Bowers

▲ 三等嘉禾章。供图/Stack's Bowers

▼ 四等嘉禾章漆盒

◀ 四等嘉禾章。供图/Morton & Eden

▲ 五等嘉禾章。供图/eMedals

▲ 七等嘉禾章。供图/Stack's Bowers

◄ 六等嘉禾章。供图/Stack's Bowers

► 嘉禾章也曾授予外国人，图为一名获得二等嘉禾章的日本海军军官。供图/Zeige

▲ 原盒七等嘉禾章。供图/Zeige

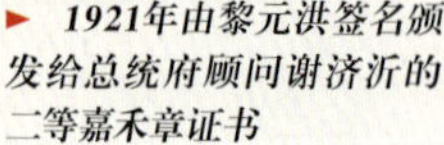

► 1921年由黎元洪签名颁发给总统府顾问谢济沂的二等嘉禾章证书

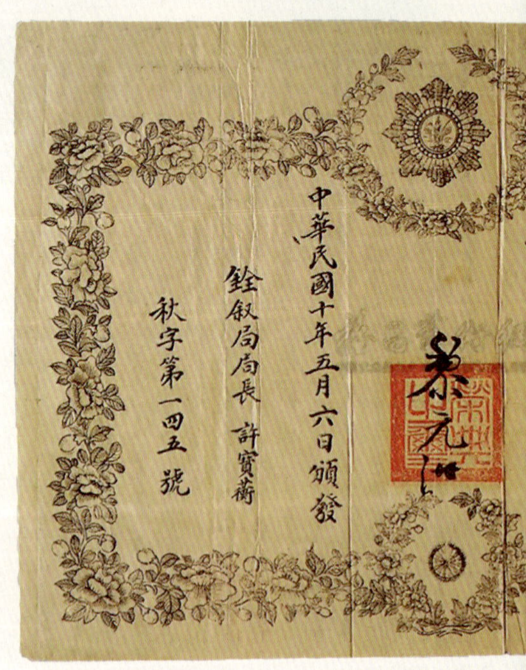

中華民國十年五月六日頒發

銓敘局局長　許寳蘅

秋字第一四五號

身着海军礼服，佩戴一等嘉禾章的程璧光

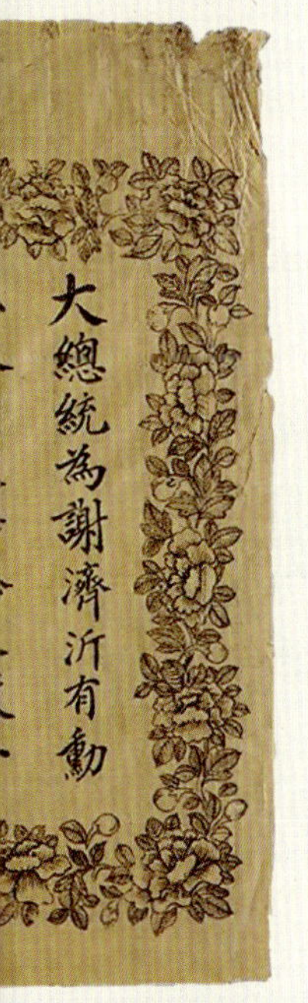

大總統為謝濟沂有勳

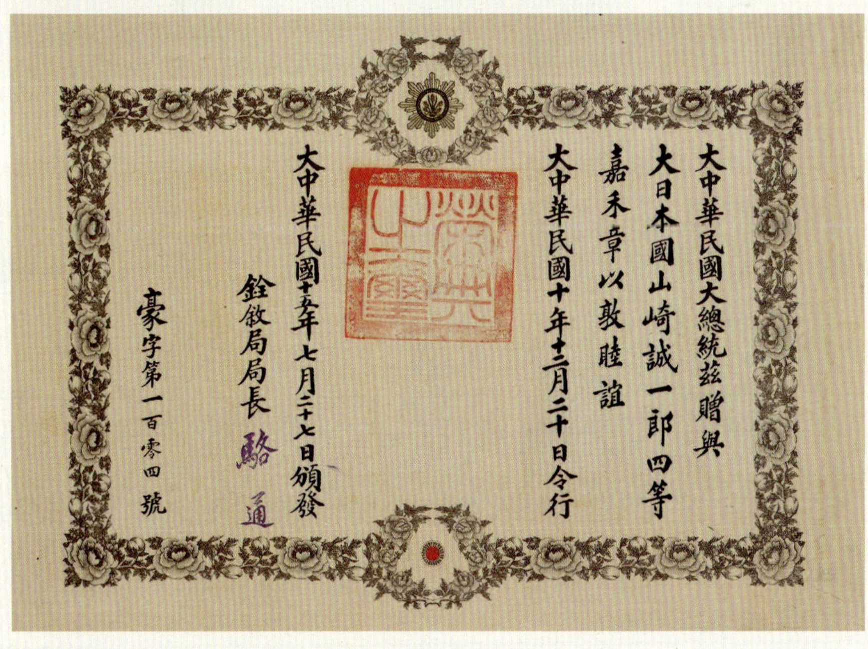

大中華民國大總統茲贈與
大日本國山崎誠一郎四等
嘉禾章以敦睦誼
大中華民國十年十二月二十日令行

大中華民國十五年七月二十七日頒發
銓敘局局長 駱通
豪字第一百零四號

1921年颁发给日本驻齐齐哈尔总领事山崎诚一郎的四等嘉禾章证书

宝光嘉禾勋章

宝光嘉禾勋章设立时间为1916年10月7日，由大总统特令颁给，设定共五等六级，一等为大绶，二等为大绶和无绶，三等为领授，四、五等为襟绶，各等均有表，为授予对革命有贡献的高级军政要员的纪念勋章。外形为两层以八组宝剑组成的八角星，中间双边圆圈夹层内镶嵌十七颗珊瑚圆珠或十八颗珍珠，圆心内为白底“嘉禾”图案，正中镶嵌红宝石。银质珐琅多层结构，背面有“宝光嘉禾勋章”字样和制作局戳印。

▲ 二等宝光嘉禾章星章。供图/Morton & Eden

▲ 原盒全套一等宝光嘉禾章

▲ 二等宝光嘉禾章挂章。供图/Morton & Eden

◄ 三等宝光嘉禾章。供图/Hermann Historica

► 原盒四等宝光嘉禾章。供图/Hermann Historica

◄ ► 五等宝光嘉禾章。供图/Zeige

袁世凯对孙文奠定的军人勋章制度也进行了调整。1912年12月6日，北洋政府颁布实施《陆海军勋章令》（见附录二），将陆海军勋章分为“白鹰”、“文虎”两种，规定“凡民国陆海军人于平时、战时著有勋劳，或非陆海军人及外国人于陆海军特别任务中著有勋劳者，皆得分别给与”。同期施行的《陆海军叙勋条例》（见附录三）则提供了叙勋“白鹰”“文虎”的衡量标准，列出战时与平时35项勋绩，并将其划分为“殊勋”及“武功或劳绩”。但同样，军人勋章的等级又与官职级别挂起钩来。“各种勋章均分九等，一、二等给与上等官佐，三等至六等给与中、初等官佐及准尉见习军官，七、八、九等给与士兵”。1913年4月10日，北洋政府修正了《陆海军勋章令》中官勋对应级别，“一二三四等给与上等官佐，三四五等可给与中等官佐，四五六七等可给与初等官佐及准尉见习军官，六七八九等可给与士兵”。

▲ 身着上将大礼服，佩戴勋三位章、一等大绶宝光嘉禾、一等文虎、二等白鹰和一等嘉禾以及其他北洋奖章纪念章的曹锟，其中白鹰勋章非常罕见。曹锟对勋赏的佩戴比较符合规范

▼ 身着上将大礼服、佩戴勋二位章、三等白鹰、二等文虎和二等嘉禾的王占元。这张照片是他赠送给莫理循的。王占元对勋赏的佩戴就不如曹锟那么正规

文虎勋章

文虎勋章设立时间为1912年7月29日，设定共九级，一、二等为大绶，三等领授，四、五、六、七、八、九等为襟绶，各等均有表。授予陆海军中有战功或劳绩者。一、二等授予上等官佐；三至六等授予中等和初等官佐；七等以下授予士兵。1913年又改为一等至四等授予上等官佐；三等至六等授予中等官佐；六等至九等授予士兵。

章体为三个层次，第一层次由八角形五色旗组成的光芒围绕四周；第二层次八角形立体银色光芒，正中上方还有一/二/三个立体五角星组成的图案；第三层次在直径约2厘米的圆圈内，坐立着一只翘着长长尾巴的老虎，背景为绿色的草地和蓝色的天空。银质珐琅多层结构，章背面有编号和制作局戳印。虎皮有文采为文虎，象征被授予者文武双全。文虎勋章着军礼服时佩戴，一、二等勋章佩戴于左襟中部，大绶由右肩斜至左肋下；三等勋章以领授佩戴于领下；四等以下以襟授佩戴于左襟。

◄▲ 原盒全套一等文虎勋章。供图/北京诚轩

▲ 二等文虎勋章挂章。供图/Baldwin

► 三等文虎勋章星章。供图/Morton & Eden

◄▲ 二等文虎勋章星章。供图/Morton & Eden

◀ 原盒全套二等文虎勋章。供图/北京诚轩

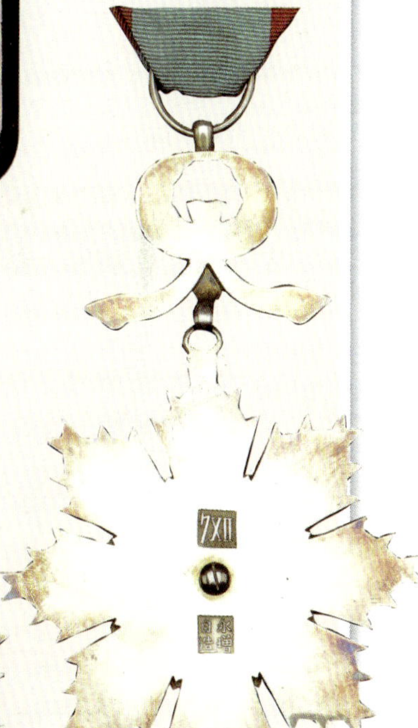

▼ 五等文虎勋章。供图/DNW

▲ 六等文虎勋章。供图/Spink

▲ 七等文虎勋章。供图/Morton & Eden

茲奉
大總統令奚駿聲給予七等
文虎章用示獎勵
中華民國八年十一月十四日令行
中華民國八年　月　日頒發
陸軍總長靳雲鵬
功字第二四一五號

▲ 由时任陆军总长靳云鹏签发的授予奚骏声七等文虎的证书

文武官员与军人都已有自己的荣誉制度，但如何奖励没有政府和军队编制的社会人士的功劳呢？勋位制度应运而生。1912年8月8日，袁世凯颁布《勋位令》（见附录四），规定了从“大勋位”到“勋五位”的六级勋位制度。勋位由大总统亲自授予，勋位获得者尽管不享受除年金之外的特权，但可以终身保有勋位，除非“依刑法受褫夺公权之宣告”。而最具特色的条文是第七条：

第七条 前条世爵与勋位比例之等级：甲、亲王郡王贝子贝勒亲大勋位；乙、公亲勋一位；丙、侯亲勋二位；丁、伯亲勋三位；戊、子亲勋四位；已、男亲勋五位。

如同勋章的级别与授勋者的行政级别挂钩，勋位的级别也与受勋者的社会地位密切关联。“凡依优待条件保有亲王以下之世爵者”均根据一定的换算公式享有勋位。按照《勋位令》第一条的陈述，勋位是要颁发给“勋劳于国家或社会者”。而依照优待条件享有世爵者又对国家或社会有何功劳呢？结合前面讲到的袁世凯为蒙古王公加封晋爵的逻辑，即便这些人什么都没有做，至少还有一点功劳，就是不反对新生的民国。民国专门奖励那些不反对自己的人，其虚弱由此可见一斑。

1913年，袁世凯政府又进一步完善了勋位制度。1月13日，编定《勋位授与条例》（见附录五），规定了勋位徽章样式、佩戴规则、授勋仪式等。11月4日，又颁布《代授勋位礼节》。为方便多位受勋者同时受勋，重新颁布《授勋礼节》作为仪式依据。

勋位章为银质圆形，四周牡丹花叶纹（大勋位到勋三位为牡丹花叶纹，而勋四位和勋五位为绿叶纹），中央圆版为红色珐琅上绘白茅一株，正中嵌珠一枚，四轮为黄、蓝、黑、白色，各嵌不同数量珠以区分等级，与中间和红色形成北洋五色国旗。大勋位为十二珠，勋一位为十珠，勋二位为八珠，勋三位为六珠，勋四位为四珠，勋五位为二珠。银质珐琅多层结构，背面有制作局戳印。勋位章的式样完全沿用了清朝禁卫军的王公爵位章，但在珐琅颜色上略有区别。

▲ 大勋位章实物

▲ 勋一位章实物

▲ 勋二位章实物

▲ 勋三位章实物

▲ 勋四位章实物

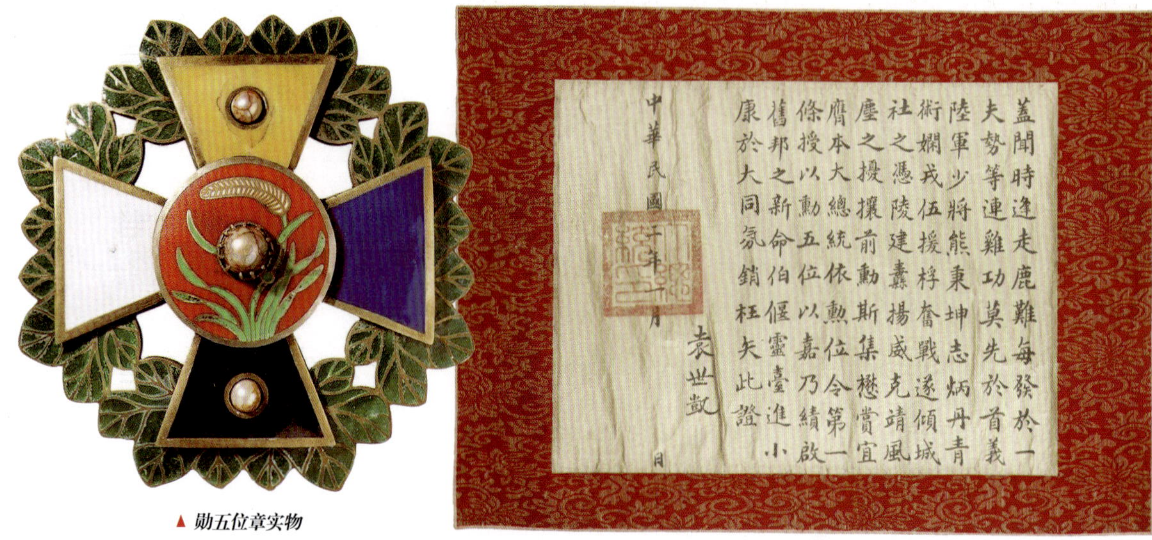

蓋聞時逢走鹿難每發於一夫勢等連雞功莫先於首義陸軍少將熊秉坤志炳丹青術嫻戎伍援桴奮戰遂傾城社之憑陵建纛揚威克靖風塵之擾攘前勳斯集懋賞宜膺本大總統依勳位令第一條授以勳五位以嘉乃績啟舊邦之新命伯偓靈臺進小康於大同氛銷枉矢此證

袁世凱

中華民國 年 月 日

▲ 勋五位章实物

▲ 授予熊秉坤的勋五位证书

勋位与勋章制度的运行

勋章与勋位授予的具体实施单位是铨叙局与临时稽勋局。两个机构都始建于南京临时政府时期，袁世凯沿袭并改革之。1912年1月的《铨叙局官职令草案》规定，该局由总统直接领导，掌管给予位阶、勋章、荣典、赏恤等事务。1914年，北洋政府将之划归国务院管辖，并增加了“勋绩考核”职能。临时稽勋局的职能是“恤死”和“赏生”，即抚恤烈士和稽查各地对开国有功之人士。1914年，该局撤销，其职能由铨叙局接管。

就颁给程序而言，勋位由大总统亲授；宝光嘉禾章由大总统特令颁给；嘉禾章和各种陆海军勋章授予方式分别有两种，除由大总统特令颁给外，由铨叙局呈请，大总统以命令颁给，或陆海军总长呈请，大总统批准遵行。大总统特令至高无上，可以不受颁给勋章条例中“一年内对于一人不得颁给勋章两次”“不得越等”等规定的限制。

从1912年开始，袁世凯领导的北洋政府就形成在“双十节”赏功的制度。从历年实践来看，每次都是场面盛大，受赏人数众多。尤其是1912年的国庆纪念仪式上，“凡民国革命之新人物，识时之旧官僚，迴翔于政界、党界、军界之中者，或膺上赏，或被殊荣，几无一夫不获矣”。袁世凯授予自己与孙文、黎元洪大勋位；授予唐绍仪、伍廷芳、黄兴、段祺瑞、冯国璋、程德全勋一位，孙武勋二位。清朝遗老赵尔巽，内阁各部部长及地方各省都督等均获二等嘉禾章。1913年国庆，授予清室太保世续、徐世昌及赵秉钧勋一位。同时，各省都督中未获勋位或只获得二等

▲ 佩戴勋一位章和其他北洋勋章的赵秉钧

以下勋位的，均一体授予勋二位。可以看到，革命功臣、北洋部属、地方实力派、清朝遗老，都被袁世凯纳入授勋的行列。而较低的勋章和勋位之颁发，更是泛滥成灾。据霍慧新统计，截至1916年，全国近3/4的高级官员均受懋赏；现任简任以上高等文官共555

人（包括国务院总理、各部总长、各省省长、各部次长、多数司长、各省厅长、高等审判厅厅长、各道道尹等），67.93%的人员均受勋章；由大总统特令任用的武职官员（即陆海军总长、参谋总长以及各省都督等）29人，高达93.10%受勋，近60%同时获得嘉禾、文虎勋章；陆军部暨所属中央和地方各机关共321人，上至上将，下至少校，受勋比例亦达87.54%。

勋章颁布对象是文武职官与军人，由于存在从属关系，在其发放过程中很少出现风波。但在颁发勋位时，就出现了非常复杂的反应。一些人士不愿意接受袁世凯所颁发的勋位，另外一些人则认为勋位分配不公而心怀怨愤。

▲ 身着陆军上将礼服，佩戴勋一位章、一等大授宝光嘉禾、二等文虎以及日本旭日、瑞宝章的靳云鹏

▲ 佩戴大勋位章和其他北洋勋章的黎元洪

► 佩戴勋四位章和其他北洋勋章的林建章，曾任北洋海军总长

► 时任安国军副总司令兼五省联军总司令的孙传芳，他佩戴着勋二位章和文虎勋章

▲ 佩戴勋二位章、嘉禾星章以及日本、沙俄、比利时、意大利等国勋章的周自齐，曾署理国务总理

▲ 佩戴勋三位章和其他北洋勋章的沈鸿烈

▲ 身着陆军上将大礼服，佩戴勋三位章和一等大绥文虎、二等嘉禾的卢永祥

如前所述，袁世凯首批授予孙文以大勋位。孙文坚辞不就。袁世凯来信劝说，孙文于1912年12月复书称：“赏位固国家应行之典，惟当今国家基本未固，尚非国人言功邀赏之时。国家所认以为功者，个人方将认为一己对于祖国所当尽之义务，而无丝毫邀赏希荣之心。文不敏，窃愿以此主义为海内倡。”孙文在这里提出的理由与本章一开始戴季陶所提出的理由非常相似，即认为共和国崇尚的是美德而非荣誉，为国服务是个人之义务，不应求取回报。

吴稚晖也拒绝了袁世凯颁发的勋位，并给袁世

▲ 佩戴勋四位章、一等大绶宝光嘉禾、一等嘉禾、二等文虎的梁士诒

▲ 身着陆军中将大礼服，佩戴勋四位章、二等宝光嘉禾、一等嘉禾、二等文虎和日本旭日章、瑞宝章的曲同丰

▲ 身着海军大礼服，佩戴勋四位章、二等宝光嘉禾、一等嘉禾、二等文虎和的杜锡珪

凯去了一封辛辣的信："……敬恒狂妄，于勋位之名目尚极端反对，何论授受！我等在民国为百姓头衔。自诩极品。安肯受公等公仆之勋位者！令朝下，夕痛诟矣，非为不谢，不感也。至于勋之一字，他人吾不知，反问敬恒，敬恒骇汗如雨，何来此不祥之声，令我腾笑举世！即挫我骨，扬我灰，使最高明之化学家分析化验，必不夹杂一毫此等梦想之分子。不然如何敢抱一头两腿，强颜游行于光天化日之下耶？切盼公等宝贵精神，专注于国难，勿更以揶揄为消闲，侮弄书生……"吴稚晖从根本上否认袁世凯所颁发的勋位具有荣典意义。有人或许会认为吴稚晖嫌袁世凯所授勋位过低，但从吴稚晖的一贯作风来看，他不可能是出于这样一种动机而对袁世凯进行嘲讽。

本章开头所提到的戴季陶政论《民国之怪物——勋位》一文则评论了孙文与吴稚晖的辞勋位姿态，称"中山之辞勋位，其言婉，吴稚晖之辞勋位，其辞激"。戴季陶揣测袁世凯的心理是"若辈为我尽力，造成一大总统，是不可不勋之，而勋位之授，乃于是起"。但这一心理与君主的心理并没有什么两样。从这个角度去解读孙文和吴稚晖的举动，不难读出这样的意涵：革命义士从一个"摘桃子"的守旧派人物中领取荣誉，这就是示弱和低头，在无形之中减损了革命所带来的象征资本。戴季陶又进一步认为，"是稽勋局之设，《临时约法》本条之规定，已属不伦不类，而大总统特授勋位，更为无双之怪物。"这其实是已经在批评南京临时政府时期的荣典制度也不合理，为袁世凯对荣典的滥用提供了基础。

黄兴也断然拒绝了袁世凯于1912年10月授予他的勋一位，退回了所有礼物，只留下了两匹马，说以后打仗时用。不过，一向拥护黎元洪、反对黄兴的《群报》却对他进行了嘲讽，认为他说谎，实际上是嫌袁世凯给他的荣誉太低。

革命派中也有不少人并不反对勋位制度本身，但认为袁世凯授勋不够公平。1912年国庆日受勋之后，《民立报》就发表文章认为"民国酬庸之典竟如是轻率倒置，大拂人情"。文章抱怨黄兴不能与孙中山、黎元洪并列勋位，冯国璋居然与黄兴并列；唐绍仪、伍廷芳、周学熙、许世英等勋位显赫，汪精卫、陈其美、汤化龙却不得其位。作为革命派的重要宣传报纸，《民立报》所表达的观点，在革命派中应该说具有相当的代表性。

▲ 张学良与一位奉军高级军官的合影，他胸前佩戴着勋五位章和文虎勋章。1927年10月9日他被再次授予勋三位

▲ 佩戴有宝光嘉禾、嘉禾、文虎及其他北洋时期奖章的陈绍宽

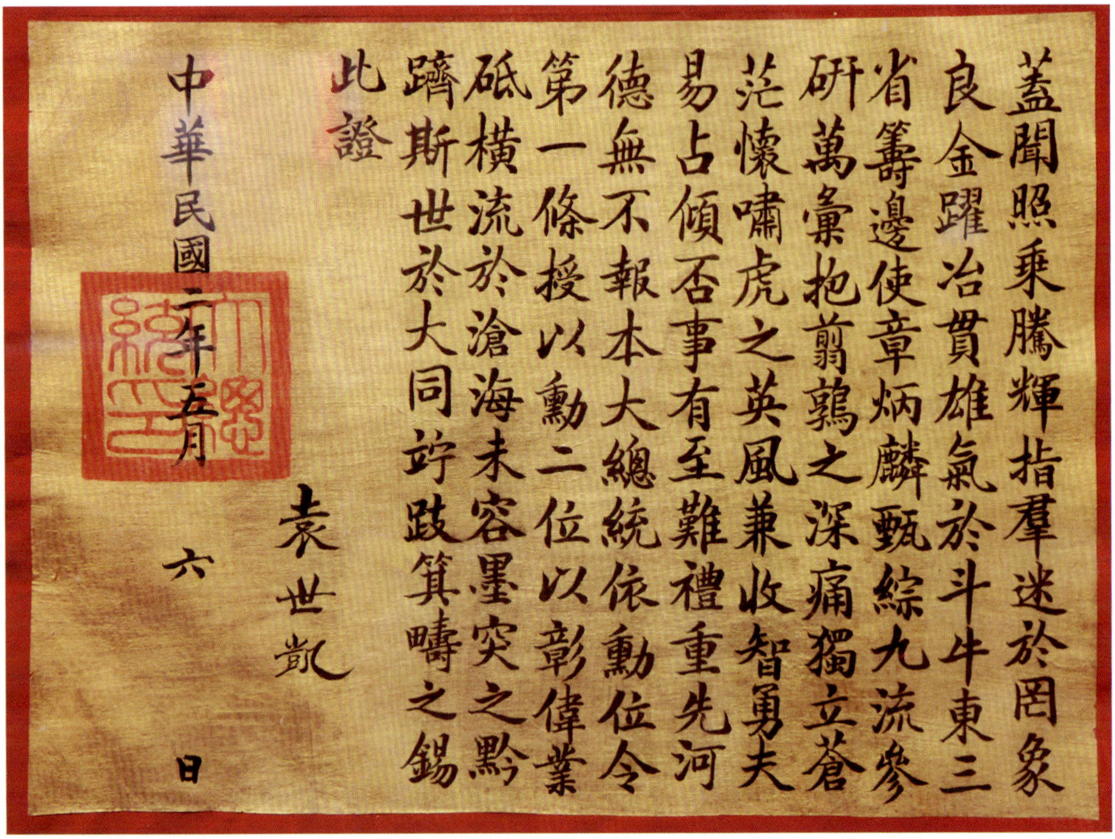

蓋聞照乘騰輝指羣迷於罔象良金躍冶貫雄氣於斗牛東三省籌邊使章炳麟甄綜九流參研萬彙抱翦鶉之深痛獨立蒼茫懷嘯虎之英風兼收智勇夫易占傾否事有至難禮重先河德無不報本大總統依勳位令第一條授以勳二位以彰偉業砥橫流於滄海未容墨突之黔躋斯世於大同竚跂箕疇之錫此證

袁世凱

中華民國二年五月 六 日

▲ 章太炎获颁勋二位的授勋令

▼ 佩戴各式北洋勋章的冯玉祥

▲ 佩戴大勋章和其他国家勋章的徐世昌

避居青岛的徐世昌于1913年10月也辞掉了袁世凯颁发的勋一位。这位北洋集团要人在清末时候担任过太保，与清室有着非常密切的联系，袁世凯请其入仕，徐世昌用“遽仕无以对清室”应对，最后与袁世凯约定两年之后才能出仕。“遽仕无以对清室”恐怕也只是一个便利的借口，徐世昌更担心的恐怕是民国初建，政局凶险，是否参与政治，还要看看风头。1914年，袁世凯政府以《中华民国约法》取代1912年的《临时约法》，北洋集团已然控制局面，徐世昌于是出任国务卿，顺势也接受了之前推辞的勋一位。徐世昌出仕的决定得到了清室的支持，但身边的遗老们仍纷纷责难。

清室太保世续曾代表清廷参与磋商优待条件，也被袁世凯列为共和功臣。1913年10月，袁世凯向其授予勋一位，但世续没有接受。世续属于满族亲贵，辛亥革命爆发之后，北京国库空虚，他倡导亲贵王公向国库捐纳，因为荣禄、那桐等响应不积极，他还“日夜慨叹满人无忠君爱国之诚”。“脚踏两只船”的徐世昌在接受袁世凯颁发的勋位的时候尚且要推辞一下，世续拒绝接受勋位，那就是再自然不过的事情了。

但除了铁杆的革命派和清朝遗老，在当时能抵抗住勋章和勋位诱惑，坚辞不就的还是极少数。革命派中，孙武、蒋翊武、陈其美、汪精卫等著名人物都领取了勋位。而对清朝比较有感情的官员和将领中，赵尔巽在辞去奉天都督后不久，就领受了北洋政府颁发的勋二位，并应袁世凯之邀出任民国清史馆总裁；张勋从未放弃过复辟清朝的想法，但在民初“曲线救国”，跟随袁世凯，在1913年7月获得勋二位，不久又因为攻取南京有功，升为勋一位。

而像梁启超这样的立宪派名士不仅乐于接受北洋政府荣典，甚至主动讨要。1915年1月，梁启超给曾任总统府秘书长、时称“二总统”的梁士诒去信，称：“家君寿日福庆，甚思自获一勋位，为娱亲之助。诚知不免世俗之见，然扬显之义，古人盖亦有取焉。十年来文字鼓吹，于新邦肇造，或不无微劳，即两年来与乱党相薄，亦间接为政府张目。若府主录其微庸，援张季老之例，有以宠之，稗得极舞彩之荣，则其感激岂有涯涘？”梁启超讨要勋位，名义是为了尽孝心，让父亲寿诞开心，但他自信对民国是有功劳的，第一是多年文字鼓吹利于民国建国——这一说法足以令许多读者莞尔，因为作为立宪派的梁启超多年来正是革命派的敌人，“于新邦肇造，或不无微劳”或许要从他多年攻击革命派，因而有利于北洋集团掌权的意义上去理解；第二是民国建立以来，他率领亲政府的进步党人与国民党人对抗。而他所说的“援张季老之例”，说的是1915年1月1日袁世凯发布的《大总统策令》授予立宪派人士张謇“中卿”官秩的事。这个要求上不了台面，梁启超因而要求梁士诒阅后即

▲ 1918年10月10日徐世昌就职总统仪式上与众官员合影，可以看到图中文武官员均身着全套勋赏荣典出席

▲ 1926年6月18日，张作霖在北京怀仁堂就任“中华民国陆海军大元帅”，参与典礼的一干要人都佩戴着各式勋赏

▲ 1926年6月28日，北京顺承郡王府，“讨赤”军阀们在一起合影。在这张照片中，从前排左五开始分别为张作霖、张宗昌、吴佩孚、张学良。照片中有几位“大帅”佩戴有勋章

焚。梁士诒没有烧掉该信，但替梁启超办成了事。1月27日，袁世凯发布了梁启超“授为少卿，并加中卿衔”的策令。梁启超回到家乡，给自己写了块“一等嘉禾章中卿衔少卿/司法总长参政院参政”的功勋匾挂起来。这块匾额累加了他的职务及所获得的荣典，其中“一等嘉禾章”是袁世凯之前颁发给他的勋章。

我们现在已经很难以量化的方法去衡量袁世凯通过颁发勋章和勋位所获得的精英吸纳的效果。但从其1915年放风称帝前立宪派和北洋集团总体上的平静而言，勋章和勋位的颁发，显然是有一定的安抚和拉拢人心的效果的。但是两个因素可能起到了弱化作用：

第一是勋章和勋位发得过多过滥，其含金量自然下降。革命人士、旧官僚、清朝遗老、少数民族世爵人士等一体受勋，所谓“勋劳”的实质标准变得模糊不清。正如当时有论者指出：“第不知所谓有功者，谓其有功于大总统乎？谓其有功于中华民国乎？抑大总统即民国、民国即大总统乎？”在梁启超主动讨要勋位的信中，我们也可以体会到这种暧昧——梁认为自己在晚清的文字宣传对民国的建立作出了贡献，但这究竟是什么意义上的贡献呢？

第二是勋章、勋位与行政等级及社会地位挂钩过于紧密，由此形成的结果是，基层人士很难获得荣典。嘉禾、文虎勋章的授予几乎均为四等以上的级别，适用于普通文官、士兵的六等以下的嘉禾章、文虎勋章很少被颁发。授予人数更少的勋位更是如此，基层人士根本没有机会获得勋位。当然，这个批评或许显得有点吹毛求疵，毕竟，民初的北洋政权只是一个漂浮在社会之上的“军绅政权”，还根本不可能考虑后来国共两党考虑的基层动员问题。

余论

君主制需要荣耀，共和国也需要荣耀。以取得报偿为目的的美德不是真美德，但不给予美德以荣耀的社会必定不是好社会。在荣典问题上，无论是孟德斯鸠，还是戴季陶，都夸大了国体的决定性影响。二者的差别，仅仅在于荣耀背后可能承载着不同的“主流价值观”。君主制下，君主就是国家的象征，制度鼓励对君主个人的忠诚，身份等级与特权也可以直接呈现在大众面前。共和国需要倡导对更为抽象的国家与人民的忠诚，同时倾向于隐藏身份等级与特权——注意笔者用的是“隐藏”而非“消除”，功能意义上的身份等级与特权在每个社会都存在，只不过共和国对其进行了特殊的处理，使之显得是对功劳与美德的奖赏，以避免触犯大众的平等激情。在此过程中，甚至还可能保留君主制时代的某些象征符号。今天的英国女王继续对杰出的社会人士封爵，而受封者对女王个人表示效忠。在法国，杰出的社会人士可以获得“荣誉军团勋章”。这一荣誉体系创设于1802年拿破仑执政时期，那时候的拿破仑距离称帝只有一步之遥，还多少保留着君主制时代的某些遗留，但这套荣誉制度仍然保留至今。只是与法兰西共和国的拿破仑时代相比，民国袁世凯时期的荣典制度更为复杂、保留了更多君主制色彩而已。

北洋勋赏体系具有非常突出的以人而非以事为中心的色彩，重在笼络精英而非奖励功劳。这在几个项目上又有不同体现：勋位和勋章的发放非常重视受奖励者的既有政治地位和社会地位，而非具体的功劳，而且完全不重视奖励基层人员的功劳；而作为“准荣典”的将军名号与文官官秩，其精神本来就是要实现

“官职分开”，以安慰失去实权的官员，或笼络政权外围精英。

这当然不是因为袁世凯比其他领导人更重视笼络精英，而是在当时复杂的政治形势下不得不为。中国有“帝王将相，宁有种乎”的传统，大乱之世，哪怕是乞丐、流民都可能觊觎皇帝之位，更不用说总统了。一场大革命爆发之际，往往也是精英人心浮动之际，许多人会从混乱中找到上位的机会，甚至会蓄意制造混乱。哪怕在袁世凯领导的北洋集团中，这种人心浮动的状况也时时可见。比如“北洋三杰”中的冯国璋自从辛亥革命以来屡为北洋立功，但并未得到与段祺瑞一样的待遇，就颇有不满之意，不能不适时安抚。而像张勋这样为形势所迫附从北洋集团的外围势力，更需要加以笼络。大量北洋地方实力派有枪，有地盘，要确保其效忠，不能不付出一定代价。在北洋集团之外，革命派、立宪派、清朝的遗老遗少们，在政治上都有一定能量，内部又存在很多派别。如果说每个政权都存在一个以其领导人为核心的“差序格局”，由一系列同心圆组成，那么袁世凯政权的特征就是核心圈过小，外围的圆过大。他只能徐图进取，化“外”为“内”。一旦把握这个背景，就可以理解，袁世凯在颁发荣典上的慷慨大方，反映出来的并不是他的强大的施恩力量——一个总统天天干统战部部长的活，反映的恰恰是政权的虚弱。

由于荣典重在笼络精英，而民初精英群体又颇为混杂，理念相互抵牾，导致的结果就是荣耀缺乏实质价值标准。袁世凯政府给革命派、旧官僚、清朝遗老以及北洋将领同时颁发荣典，这背后又能有何种统一性呢？袁世凯只能笼统地谈“有功于民国”，而无法具体探讨到底是什么功劳。

荣耀承载着社会集体意识，也集中反映着一个社会的团结程度。一个较为团结的社会能形成比较强的集体认同和集体利益观念，哪些行为促进集体利益，哪些行为损害了集体利益，也就变得清晰可辨了。但民初的中国显然不是这样的一个社会。这是一个碎片化的、充满冲突的社会，不同派别的政治精英就国家如何治理，很难达成共识。古老的文教制度随着君主制的衰败而凋零，而与共和配套的新文教制度仍在艰难的生长之中。在这个“青黄不接”的时段，很难产生一种强有力的“主流价值观”，因而也很难产生能被社会广为接受的荣耀观念，至于通过荣典来对基层社会实行“教化”，更是遥不可及的目标——或许，正是为了建立一套清晰的政治与伦理标准，袁世凯选择了回归传统的伦理世界，恢复祭天，支持尊孔，最后黄袍加身。然而，那个“青黄不接”的社会尽管无法在短时间内形成新的伦理共识，但也无法回归旧的伦理世界。在两次恢复君主制的尝试失败之后，中国不再回头，而是继续踉跄前行。

附录一　　北洋政府时期颁授勋位名录（1912~1927）

大勋位	大勋位、袁世凯、孙中山、黎元洪、大正天皇、哲布尊丹巴呼图克图汗、冯国璋、徐世昌、段祺瑞、曹锟、张作霖（共10人）
勋一位	唐绍仪、伍廷芳、黄兴、程德全、张勋、世绪、赵秉均、蔡锷、唐继尧、陆荣廷、梁启超、岑春煊、段芝贵、倪嗣冲、张敬尧、姜桂题、李纯、王士珍、靳云鹏、刘冠雄、张怀芝、王占元、赵倜、阎锡山、陆征祥、卢永祥、吴佩孚、杨增新、程璧光、章炳麟、吴景濂、董康、荫昌、李烈钧、赵尔巽、张謇、肖耀南、孙传芳、张宗昌（共39人）
勋二位	孙武、徐绍桢、陈其美、刘公、蒋翊武、汪兆铭、蔡济民、梁士诒、胡惟德、尹昌衡、朱瑞、胡景伊、张凤翙、张锡銮、张镇芳、周自齐、陈宧、汤芗铭、杨善德、刘显世、吕公望、柏文蔚、吴俊陞、胡汉民、马福祥、陈光远、李长泰、王揖唐、陈树藩、徐树铮、傅良佐、鲍贵卿、王承斌、李厚基、张绍曾、李鼎新、蒋雁行、冯玉祥、蔡成勋、何丰林、汪大燮、谭浩明、熊克武、孙烈臣、朱庆澜、孙洪伊、谭廷闿、赵恒惕、熊希龄、田文烈、杜锡钧、曹锐（共51人）

勋三位	邓玉麟、唐牺之、蔡汉卿、李雨霖、吴兆麟、王安澜、谭学衡、熙彦、陈光远、顾忠深、洪承点、郑汝成、苏慎初、雷震春、施从滨、张文生、蒋尊簋、孙毓筠、庄蕴宽、朱振标、阮忠枢、周骏、萧良臣、罗佩金、戴戡、朱家宝、任可澄、陈炳焜、李根源、周文炳、钮永建、陈炯明、刘祖武、庾恩旸、黄毓成、叶荃、张子贞、隆世储、吴鸿昌、童保暄、白宝山、吴光新、孟恩远、曹汝霖、陆宗舆、屈映光、齐燮元、王怀庆、阎相文、张景惠、顾维钧、周符麟、陆洪涛、江朝宗、张锡元、蔡廷干、王廷桢、莫荣新、蒋作宾、孙宝琦、饶汉祥、马龙标、萧安国、刘成勋、吴新田、丁槐、赵玉珂、刘镇华、殷恭先、张学良、韩麟春、王永江（共71人）
勋四位	王文锦、徐达明、吴醒汉、李作栋、刘承恩、王隆中、余钦翼、马继增、臧致平、陆建章、马毓宝、张殿如、唐在礼、蓝天蔚、杨度、张弧、施愚、顾鳌、崑源、李文富、冯德麟、毕桂芳、张广建、刘存厚、李耀汉、龙觐光、由聪龙、刘云峰、王文华、熊其勋、张树元、马安良、范国璋、吴长植、刘起垣、吴炳湘、李品嘉、丁效兰、王桂林、徐国梁、田中玉、曲同丰、马良、陈文运、张士钰、林长民、范源濂、张国淦、曾毓隽、张志潭、兰建枢、刘传绶、张载阳、许世英、陈毅、曹锳、刘湘、李静诚、颜惠庆、丁乃扬、王都庆、杜锡珪、蒋拯、林建章、王毓芝、刘冠南、江庸、袁祖铭、卢金山、张福来、张联陞、赵荣华、刘佐龙、常德盛、魏明山、刘恩源、陆锦、蒋廷梓、董政国、边守靖、刘富有、憨玉琨、潘鸿钧、褚玉璞、韩德铭、汲金纯（共85人）
勋五位	杨玉如、刘英、熊秉坤、王金镜、程克、叶颂清、顾乃斌、王正雅、孟效曾、葛应龙、米振标、方玉普、马联甲、陈廷训、陈德修、方更生、李钦、李际春、张克瑶、徐宝珍、覃师范、夏炎甲、黄士龙、徐乐尧、张翼、彭光烈、孙兆鸾、陈廷杰、孙发绪、史久光、王汝贤、康永胜、尹凤山、赵清衢、申保亨、张建功、梅馨、向瑞琮、谢汝翼、宝德全、王纯良、章適骏、田作霖、周金城、朱泮藻、徐尚武、李进才、胡令宣、崔振魁、张树田、卓特巴扎普、谭庆林、殷贵、刘友才、戴桢、刘虎臣、张鹏舞、杨起元、黄鹄举、刘一清、杜文泳、张庆云、王陵基、吴恒瓒、宫邦铎、张中和、黄国梁、赵戴文、管云臣、熊祥生、田树勋、马廉溥、姜占元、王学彦、刘庆恩、邓太中、杨蓁、曾继梧、刘人熙、莫擎宇、马麒、张九卿、张怀斌、刘金标、张纪、汪学谦（等共220人）

附录二　临时大总统公布陆海军勋章令（1912年12月6日）

临时大总统令

兹制定陆海军奖章令公布之。此令。

中华民国元年十二月初六日

国务总理 赵秉钧

陆军总长 段祺瑞

海军总长 刘冠雄

教令 第九号

陆海军勋章令

第一章 总则

第一条 陆海军各种勋章，凡民国陆海军人于平时战时著有勋劳，或非陆海军人及外国人于陆海军特别任务中著有勋劳者，皆得分别给与。

第二条 陆海军勋章分二种：

一、白鹰勋章

二、文虎勋章

第三条 各种勋章均分九等。一、二等给与上等官佐；三等至六等给与中、初等官佐及准尉见习军官；七、八、九等给与士兵。

第四条 给与勋章时，均附给执照，载明勋绩。

其应给年金者，即以其执照为领金之证据。

第二章 白鹰勋章

第五条 白鹰勋章中心镂刻白鹰。

第六条 依陆海军叙勋条例，有殊勋者给与白鹰勋章。

第七条 凡受有白鹰勋章者，按其等级，得依陆海军勋章年金法受一定之年金。

第三章 文虎勋章

第八条 文虎勋章中心镂刻文虎。

第九条 依陆海军叙勋条例，有武功或劳绩者给与文虎勋章。

第四章 佩带规则

第十条 一、二、三等白鹰勋章佩上衣第一纽上；一、二等文虎勋章佩左胸部大绶上方、普通章下方，三等文虎勋章佩上衣第一纽上。各种一、二等勋章有大绶一条，一等红色，二等黄色，佩于左肩至右胁下；四等至九等勋章，均用小绶，佩于上衣左襟之上；四等至六等绶用绿色，七等至九等绶用蓝色。

第十一条 各种勋章于著军礼服、军常服时，均可佩带。但著常服佩带一、二等勋章时，不佩大绶。

第十二条 已受一种勋章而更受同种上级之勋章者，其下级勋章缴部核销。若受他种勋章，无论是否同级，均得并佩。

第十三条 受有两种以上之一、二等勋章者，只佩较高级之大绶。

第十四条 并佩两个以上之勋章时，以等级较高者列于较次者之右方。如一行不能并列，亦得列为两行。

第十五条 佩带本国普通勋章时，按普通勋章佩带规则施行，普通勋章与陆海军勋章同时佩带，普通勋章列于陆海军勋章左方。，

第十六条 受有外国勋章者佩带时，应将本国勋章列外国勋章之右方。

附勋章执照式：

陆海军勋章执照

大总统为给与　等勋章，用示奖励，特给执照，以资证明。

陆
军总长
海

中华民国　年　月　日

第　号

附录三　临时大总统公布陆海军叙勋条例令（1912年12月6日）

临时大总统

兹制定陆海军叙勋条例公布之。此令。

中华民国元年十二月初六日

国务总理 赵秉钧

陆军总长 段祺瑞

海军总长 刘冠雄

教令 第十一号

陆海军叙勋条例

第一条 叙勋分二种：

一、殊勋；

二、武功及劳绩。

第二条 在战时立有左列勋绩者，谓之殊勋：

一、夺获敌军重要地点者；

二、夺获敌军军旗、大炮及重要军械者；

三、断绝敌军交通或截获敌军粮饷、军械，战局因以奏功者；

四、运筹适宜，致获全功者；

五、在战斗间处置善良，确与全军或一部有重要之关系者；

六、冒险前进，侦得敌人重要军情，致获全功者；

七、于最困苦缺乏时，毅然从事战斗，足振起他人之志气者；

八、歼殪或捕获敌军重要将校者；

九、捕获或轰沉敌之军舰者；

十、冒险破坏敌人伏置水雷或障碍物，得以开导我军舰之进路者；

十一、我炮台被敌军包围，我港湾被其封锁，以

苦战辟运输之途，终得达其目的者；

十二、我军舰被敌之优势舰队攻击，他无应援，终得免敌之捕夺，保全名誉脱归者；

十三、我军舰护送多数船舶与敌之优势舰队相遇，剧战之后所护送船舶得以安全航到其目的地者；

十四、占领敌之炮台、港湾或有守备之城市者；

十五、夺还敌军拥护我被掠之军舰者；

十六、闯入敌之港湾内捕获或破坏其舰船者；

十七、冒险伏置水雷，得以轰沉敌之军舰，或加危害使之失其战斗力者；

十八、冒险封锁敌之港湾，得尽其任务者；

十九、战斗中我舰受大损伤，挺身冒险施应急处置，得以保全其舰之运命者。

第三条 在战时或平时立有左列功绩者，谓之武功或劳绩：

一、救护长官之危急以立功者；

二、力疾或负伤，而强与战斗者；

三、冒险前进，达到命令中指定之任务者；

四、战斗间勇敢率先，夺取枪械及捕获敌人者；

五、捕获或轰沉敌之军用船舶及其商船者；

六、战时办理战线以后事务，成绩最著者；

七、平定内乱，功绩卓著者；

八、旅行于交通未备区域，作有报告图表，足资军事之助者；

九、本舰航海停泊中或他舰航海停泊中遇有危急，冒险从事救护，得以免其危险者；

十、冒险救助被难船舶，得以救护其生命财产者；

十一、发明陆海军学理及军用物品，有益于军事前途者。但以陆海军部查核认可为限；

十二、在边远瘴疠地方戍守国境或从事屯垦满二年以上，克尽厥职者；

十三、镇压内乱，擒获匪首，剿除匪党者；

十四、识破或捕获国际奸细，证据确凿者；

十五、镇压内乱时，夺取匪寨，收复被据城池者；

十六、捕获海贼或国际海贼，证据确凿者。

第四条 陆海军各种勋章，除大总统当然佩带外，得由大总统特赠外国大总统暨皇帝君主。

第五条 各种勋章，除由大总统特令颁给外，所有立功人员，均由该管长官按本章调查表查实详记，并将该员履历功绩事实具报陆海军总长，由陆海军总长呈请大总统批准遵行。

第六条 战时立功人员应给勋章者，无论在战役之中或战役之后，均可呈报陆海军总长核办。

第七条 平时著有功勋劳绩人员，应于每年二月内由各省处长官报部，于四月内由该管总长转呈大总统批示遵行。

第八条 颁给勋章经大总统特令或批准后，由陆海军部注册，并将执照附同勋章颁由该省最高级陆海军长官传集所部列队授与；如系给与士兵，则仅传集该连授与。

第九条 战时之陆海军总司令官，得依战役景况，先行给与部下三等以下勋章，事后报部查核。

第十条 所受勋章附有年金者，自颁到勋章之日起算。

第十一条 叙勋时与立功时官职阶级不同者，仍以立功时官职论赏。

第十二条 受有勋章而更立功绩者，可换给原章之高一级者或加给他种勋章。但受有两个同种之勋章时，应将其较次者及执照一并呈缴陆海军部核销。

第十三条 叙勋公文呈报之际，或已呈而未奉部覆时，该员如有休职、退役、转免、死亡等情，应按其事实迅速报部，以凭核办。

第十四条 应受勋章年金者，于休职或退役时，由该省陆海军长官报部注册，并移知原籍地方官署或住在地方官署立案，即由该地方官署按执照发给年金。

第十五条 受褫夺公权之宣告者，即褫夺其勋章。

第十六条 因污辱军人名誉而受免官处分或重于免官处分者，即褫夺其勋章。

第十七条 处刑法徒刑以上之刑未受褫夺公权之宣告者，得停止其佩带勋章。

第十八条 受有勋章者，如身故或当褫夺时，应将勋章并执照呈送本军队处所或地方官署转缴陆海军部注销。

第十九条 应受勋章年金之人身故，匿不呈报而继续领取者，按法治罪。

第二十条 如未经领受勋章，私造佩带或佩带他人所受之勋章者，按治治罪。

第二十一条 如有将勋章卖让、典质及抵偿货财、债务等事，查明将勋章注销。

第二十二条 勋章及执照如有遗失，准其补给。但于勋章背面附以补给记号，执照之内注明补给字样。其原件如有查获者，应即送部注销。

附录四　勋位令（1912年8月8日）

第一条 凡民国人民有勋劳于国家或社会者授与勋位；

第二条 勋位分为六位：

一、大勋位

二、勋一位

三、勋二位

四、勋三位

五、勋四位

六、勋五位

第三条 勋位大总统以亲授式授与之；

第四条 凡授有勋位者得依法律受一定之年金外不得附带其他之特权；

第五条 凡授有勋位者终身保有之但依刑法受褫夺公权之宣告时不在此限；

第六条 凡依优待条件保有亲王以下之世爵者各以受有勋位论；

第七条 前条世爵与勋位比例之等级：

甲、亲王郡王贝子贝勒亲 大勋位

乙、公亲　勋一位

丙、侯亲　勋二位

丁、伯亲　勋三位

戊、子亲　勋四位

已、男亲　勋五位

第八条 本令自公布日施行。

附录五　勋位授与条例(1913年01月13日公布)

第一条 凡授与勋位应由铨叙局制办徽章证书依勋位令第三条之规定授与之；

第二条 勋位徽章式：银质饰金圜形铸牡丹花叶纹中央圜版饰红色嵌珠辅以四轮饰黄蓝黑白色各嵌珠以办等差，大勋位十二珠，勋一位十珠，勋二位八珠，勋三位六珠，勋四位四珠，勋五位二珠，前项徽章均佩于胸左当列于其他勋章之右；

第三条 勋位证书由铨叙局撰文呈请，大总统署名盖印；

第四条 勋位亲授式之仪节：国务总理皆同得受勋位之员晋谒大总统行三鞠躬礼铨叙局局长将徽章证书呈递大总统授与该员承受后行三鞠躬礼。凡军职人员由陆海军总长皆同晋谒；

第五条 得受勋位之员在外省时由大总统派遣专员将勋位证书徽章向得受勋位之员代授之；

第六条 凡得受勋位之员于承受徽章证书后应开具履历送铨叙局注册；

第七条 曾受勋位之员叙进勋位应将原有徽章缴还铨叙局但证书无用缴还；

第八条 如有依刑法受褫夺或停用公权之宣告者应将勋位徽章缴还铨叙局但停止公权期满后仍得向铨叙局呈请颁给佩带；

第九条 得受勋位之员身故后其勋位徽章当由其子孙或亲族缴还铨叙局。

苍穹之船

德国飞艇及气球部队徽章

作者：刘萌

第一次世界大战当中，德国寄予厚望的独门兵器——齐柏林飞艇是最能给人留下深刻印象的装备之一，德国军方曾经以为齐柏林飞艇是他们手中的终极武器，因为当时只有德国可以制造出这种巨大的硬式飞艇。在战争的初期和中期，“空中猛犸”齐柏林飞艇承担了战略进攻的任务，多次轰炸伦敦，成为英国民众的梦魇。与此同时，从美国南北战争时期开始发展的观测气球大行其道，在一战战场上得到了广泛应用，却在二战时期走向没落。不同于飞行员，不论是飞艇艇员还是气球观测员都要在充满氢气的气囊下作战，执行万分危险的任务，作为对他们勇气的表彰，德国官方专门为他们设计了独特的徽标和奖章。

齐柏林飞艇与一战

1783年11月21日，人类首次成功完成热气球自由飞行（未在地面系留绳索的飞行），同年12月1日，氢气球也成功地飞上了天空。到18世纪末期，人类终于实现了使用气球飞行的技术。此后，到了19世纪中叶的1852年，能够自己控制航向的动力飞艇首度登场，借由内燃机及很多周边技术的发展，动力飞艇的技术到了20世纪初时已经进入了实用的阶段。

以1900年7月2日首飞的LZ-1为代表的德国硬式飞艇，其全长已经达到100米或150米以上，以庞大著称于世。到了1910年的时候，德国硬式飞艇已经可以携带20～30人的乘客，进行2小时左右的游览飞行。形成鲜明对比的是，当时一般的固定翼飞机，顶多能搭载2～3名乘客，飞行2～3小时，已经是极限了。所以，若纯粹从航空民用交通的角度看，以建造者费迪南·冯·齐柏林伯爵名字命名的齐柏林硬式飞艇，在当时是比飞机更为优秀的空中交通工具，也是当时最受期待的航运设备。关于齐柏林硬式飞艇的起源，著名飞艇指挥官恩斯特·莱曼曾经回忆道：“齐柏林伯爵有段不同寻常的经历——在美国内战期间担任联邦军的观察员。他当时是一名年轻的符腾堡陆军中尉，因为厌倦了平淡的军队生活而主动前往美国参战。我曾经听他亲口说过，当他在美国联邦军担任观察员的时候，有一次登上空中的系留气球，那时候他第一次萌发了设计硬式飞艇的念头。”

世界历史上第一家航空公司——德国飞艇运输公司（Deutsche Luftschiffahrts-Aktiengesellschaft，简称DELAG）诞生于1909年11月16日。作为齐柏林伯爵飞艇公司的分支机构，该公司使用著名的齐柏林硬式飞艇（以LZ编号）在巴登巴登、法兰克福、杜塞尔多夫、柏林-约翰内斯塔尔、哥达、汉堡、莱比锡和德累斯顿之间进行商业飞行。除了在这些城市拥有飞艇航空站之外，德国飞艇运输公司还在腓特烈港和波茨坦兴建了带有大型艇库的修造厂。

▼ 飞艇之父费迪南·冯·齐柏林伯爵

▲ LZ-1硬式飞艇，非常庞大

► 德国飞艇运输公司在巴登巴登的基地

飞艇具有如此优秀的搭载能力、续航能力以及滞空时间等，从军事的角度看，都是极为重要的性能。1912年，德意志帝国海军看中了具有强大续航能力与滞空能力的齐柏林飞艇，用于执行警戒巡逻任务。10月，德国海军的第一艘硬式飞艇——L-1号正式服役，不久之后，德国陆军也开始建造齐柏林飞艇。德国海军的齐柏林飞艇，以字母“L”（德文Luftschiffer的字头，意为飞艇）编号。德国陆军的齐柏林飞艇以字母“Z”编号，配以罗马数字。由于罗马数字比较复杂，从Z-13号飞艇（LZ-35）开始，改为跟齐柏林公司一样，以“LZ”字头编号，但从LZ-39开始，这个编号系统又变得与齐柏林公司本身的编号序列不一致。

1913年9月，巨型飞艇L-2（LZ-18）号入役。但在同一天，L-1号（LZ-14）飞艇在北海的风暴中失事坠毁，包括海军首任飞艇部队司令梅特赞上校在内的多名艇员身亡。不幸的是，仅仅30天之后，新建造的L-2号飞艇就在柏林-约翰内斯塔尔航空站上空烧毁。

梅特赞上校的继任者是彼得·施特拉塞尔上校，他被评价为“一位勇敢和有才干的军官，注定要在世界大战中成为海军齐柏林飞艇的卓越领导者，并在一支现代化的舰队中长期占有一席之地”。

不过，到第一次世界大战爆发时，只有不到10艘军用齐柏林飞艇在德国陆海军服役，即使征用民间的飞艇，数量仍然显得非常不足。一战爆发的时候，德国飞艇运输公司只有4艘商业飞艇：3艘齐柏林飞艇和1艘舒特-兰茨飞艇（以SL编号），而德国陆军已经有7艘飞艇，海军有2艘，但这些飞艇当时都没有武装。不过从当时整个世界范围来看，也只有德国拥有齐柏林硬式飞艇的制造能力。因此，齐柏林飞艇对于英国、法国或比利时等国来说，都是一种恐怖的新型武器，在当时的书刊报纸或是宣传海报上，都频繁地刊载着“恐怖的齐柏林飞艇。”

▲ *反映L-2号飞艇事故的画作*

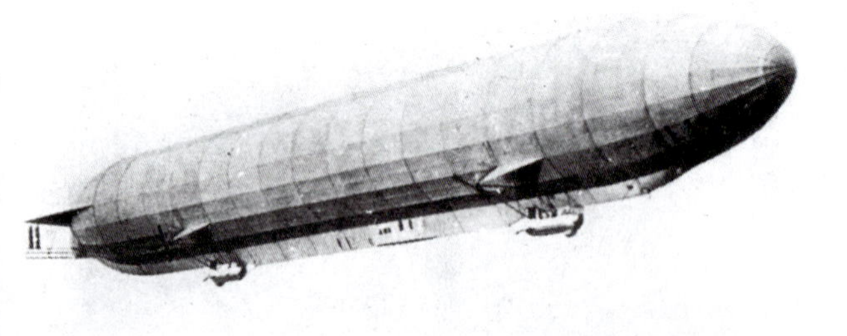

▲ *第一艘军用齐柏林飞艇L-1号*

► *造型与齐柏林飞艇略有不同的舒特-兰茨飞艇*

一战爆发的最初两个月内，齐柏林飞艇在战场前线都担负着侦察任务，或对前线部队提供战术支援。由于在低空执行侦察任务或地面近距离支援任务时，飞艇经常受到地面炮火以及敌军战机的威胁而损失巨大，因此于1914年10月开始，飞艇部队将任务转换为高空侦察、警戒巡逻，以及对敌人后方的战略要点进行夜间轰炸。起初由于天气不佳的关系，并没有创造太大的战果，但当天气情况好转之后，从12月起，陆海军飞艇部队开始向巴黎、南锡等城市发动零星空袭，而且自1915年起，也开始轰炸英国本土的沿海城市。不过，相比这些，齐柏林飞艇发动的规模最大、持续最久的空袭行动，就是以伦敦为目标的轰炸，就此，齐柏林飞艇与强悍的英军拦截战斗机和防空火炮展开了旷日持久的激烈战斗。德军决定对伦敦发动空袭，始于1915年5月。在以不能损坏诸如白金汉宫等历史文物，并限制轰炸区域的前提之下，德国皇帝威廉二世批准了这一作战计划，于5月31日进行了首次轰炸，即使受天气条件不良等因素影响，仍在1915年一年间发动了多达47次空袭。由于当时尚未遭到英军强烈抵抗，总共有27艘陆海军齐柏林飞艇成功地完成了轰炸任务。英国方面在一年间被齐柏林飞艇轰炸损失财产达到81万英镑，且有共计207人死亡，530人受伤。当然，英军不可能就这样放任齐柏林飞艇在伦敦上空肆虐，到了1915年下半年，英军开始在各处布置大量防空火炮，全力准备反击，同时也试着在各处重要设施的低空布置拦阻网，防止德军飞艇入侵，不过这种消极的防空战术对齐柏林飞艇部队除了造成一点小麻烦之外，并没有太大的效果。英军当局开始认识到，最具效力的防空兵器仍然是战斗机，不过在当时，英国本土根本没有几架堪用的战斗机，因此在整个1915年，没有一架齐柏林飞艇是被击落的，德军方面的损失都来自恶劣的天气或是导航错误。

▲ LZ-37号飞艇

▲ 准备起飞的LZ-38号飞艇

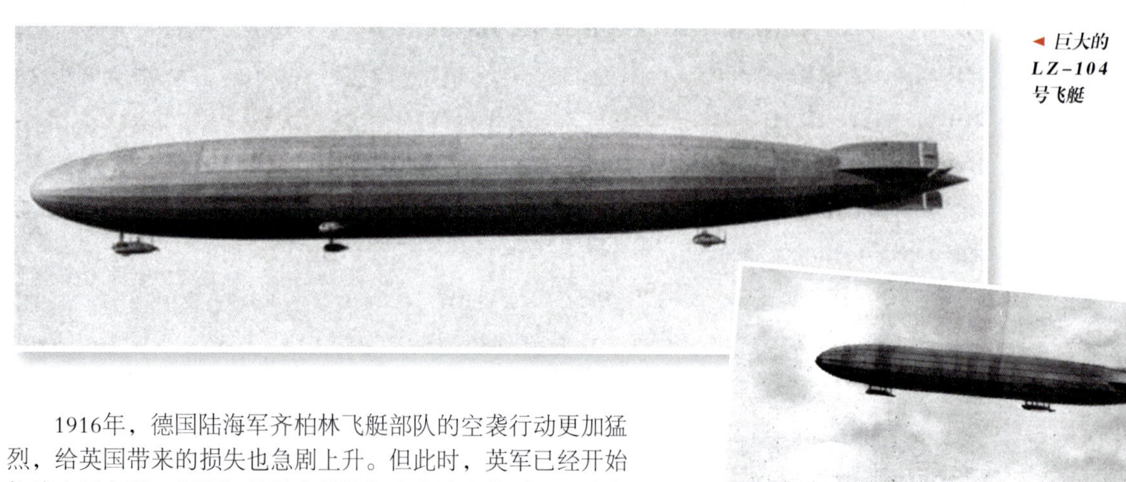

◄ 巨大的LZ-104号飞艇

1916年，德国陆海军齐柏林飞艇部队的空袭行动更加猛烈，给英国带来的损失也急剧上升。但此时，英军已经开始构建由听音器、探照灯以及高射炮组成的防空体系，同时在本土装备高速的、爬升能力优秀的，关键是配备机枪的新型战斗机，凭借这套体系对付齐柏林飞艇。在使用旧式战斗机承担防空任务，而齐柏林飞艇仍然可以从低空入侵轰炸的时期，英军战机曾采用过投掷大型标枪将齐柏林飞艇的气囊刺破的战术，不过事实证明，这并非有效的做法，而且如果不考虑投掷炸弹的命中精度，齐柏林飞艇事实上可以迅速将飞行高度向上提升至拦截战斗机无法到达的高空。为此，英军开发了各式各样的新式武器，包括专门为充满氢气的齐柏林飞艇预备的机枪燃烧弹或是燃烧火箭等，配发给拦截战斗机。随着英军防空体系逐渐完善，1916年秋天，起飞迎战的英军战斗机首次击落了齐柏林飞艇，在此之后，德军飞艇部队的损失开始急剧上升。齐柏林飞艇虽然拥有更好的高空飞行能力以及续航力，但在航速、机动性以及爬升能力等方面显著弱于新型战斗机，即便是增加了机枪座以提高自卫火力，仍然无法扭转不利的局面。在海上英军更进一步，到1917年，英军已经将水上飞机或飞船投入本土防空战斗，在齐柏林飞艇到达英国本土沿岸之前即在海上实施拦截行动。在大战后期，水上飞机母舰与航空母舰等航空战舰都投入了作战行动，在海面上展开了航空巡逻警戒，不只是对于伦敦的空袭，就连齐柏林飞艇在北海上空的海上侦察活动都得到有效的遏制。在1917年以后，齐柏林飞艇的损失剧烈增加，特别是昼间出击几乎成为一种纯粹的自杀行为。1917年8月，鉴于惨重的损失和可怜的战果，德国陆军解散了飞艇部队，其飞艇和艇员全部转入海军。

▲ 1915年一艘齐柏林飞艇飞过轰炸之后的布鲁塞尔

Fahrhöhe beim Angriff

Uhrzeit	Höhe m	Uhrzeit	Höhe m
12^{25}	1000	1^{35}	4000
12^{35}	2000	1^{50}	4300
12^{45}	3000	2^{00}	4800
12^{50}	3200	2^{15}	5000
12^{53}	3300	2^{30}	5300
12^{58}	3500	2^{50}	5300
1^{07}	3800	3^{05}	6300

► 这本海军飞艇作战日志逐条记录了1917年5月4日飞艇L-43号与澳大利亚皇家海军“悉尼”号巡洋舰的历史性对决，日志上标注的红色“Geheim”表明这是一份秘密文件。这份作战日志上有L-43号飞艇的指挥官克劳斯·哈尔海军上尉以及观测官的签名。当时4艘英国皇家海军驱逐舰试图包围L-43，“悉尼”号巡洋舰也用她的高射炮猛烈攻击这艘飞艇。作战日志上的地图标示了战斗中巡洋舰和飞艇的运动轨迹。最后，L-43号飞艇成功投放了所有炸弹，虽然没有直接命中英军战舰，但也让她们沐浴了弹片雨。在这份作战日志上签名六周之后，克劳斯·哈尔上尉和观测官均阵亡在空袭伦敦码头的行动中

▲被齐柏林飞艇炸毁的伦敦民房

最后，齐柏林飞艇对伦敦的轰炸几乎完全停止，德军方面也开始以大型轰炸机取代飞艇继续轰炸伦敦。而生产取代齐柏林飞艇成为空袭伦敦主力的大型轰炸机的，不是别人，正是齐柏林伯爵自己设立的飞机制造厂。齐柏林伯爵早在1914年的时候就已经认识到飞艇在未来缺乏发展，因而开始着手大型飞机的制造事业。

在战争期间，德国一共建造了84艘齐柏林飞艇。每艘搭载18名艇员，包括3名军官和15名士兵。这些飞艇在战争中的损失超过60艘，但其中只有一半是在作战行动中被击落的，其余都毁于事故。

▲飞艇王牌维尔纳·彼得森海军中校

战时陆军和海军飞艇艇员徽标

恩斯特·雷曼的《飞艇的发展，世界大战中齐柏林飞艇轰炸的故事》一书描述道：“尽管飞艇艇员曾经被寄予最大的期望，他们也从来没有像不断刷新击落敌机记录的战斗机飞行员——例如波尔克、殷麦曼、里希特霍芬等人那样作为英雄受到世人的崇拜。”但在战争中，德军飞艇的作战任务十分危险，飞艇艇员承受着极高的伤亡率。由于充满易燃的氢气，对于在空中起火的齐柏林飞艇来说，其艇员只有两种选择，要么烧死，要么摔死。

和其他特点鲜明的部队一样，一战中，德国陆军和海军飞艇部队都有自己特殊的徽标，下面逐一予以介绍：

海军飞艇部队臂章

在一战中，德国海军飞艇部队官兵的制服上佩戴着一种带有红色“L”字母的布制臂章以表明他们飞艇部队成员的身份和所属的技术岗位。根据不完整的资料，这种臂章是在L-41号飞艇投入服役时才开始使用的。而且由于紧迫的战争形势，飞艇艇员们并不总是按照条例的规定穿着制服。很多飞艇艇员都佩戴普通的海军技术岗位臂章，没有红色“L”字母标志。而带有红色螺旋桨标志的布制臂章只使用于海军固定翼飞机部队，并没有在飞艇艇员制服中出现。

▼ 明信片（《FILGHT BADGES OF THE GENTRAL POWERS 1914~1918》248页上图）上有三位飞艇指挥官（均被击落阵亡）：从左至右分别为彼得森、施拉姆和玛蒂。其中，位于明信片中间的施拉姆身着陆军气球或飞艇部队制服。最右方身着海军制服的玛蒂指挥的L-31号飞艇被英军战机击中起火，他跳下飞艇活活摔死

▲ 这枚带有红色“L”和齿轮图案的海军飞艇布制技术岗位臂章（《FILGHT BADGES OF THE GENTRAL POWERS 1914~1918》255页上图）属于一名“机械师军士（Machinistenmaat）”

▲ 这枚海军飞艇布制技术岗位臂章（《FILGHT BADGES OF THE GENTRAL POWERS 1914~1918》255页下图）属于一名海军飞艇“一级中士（Oberbootsmansmaat）”，臂章上有表示飞艇的红色“L”和皇冠标志

除了海军飞艇布制技术岗位臂章之外，还有一种海军飞艇布制艇员臂章，这种臂章上绘制着齐柏林飞艇的经典外形（后来的飞艇纪念奖章也采用类似的图案），只允许经过训练合格的飞艇艇员佩戴，不适用于地面保障人员和后勤人员。

此外，和海军水面部队一样，海军飞艇部队的士兵还在水兵帽上佩戴帽带。这种帽带文字为金色“MARINE LUFTSCHIFF ABTUEILUNG”。

▲ 适用于白色制服的海军飞艇布制艇员臂章（《FILGHT BADGES OF THE GENTRAL POWERS 1914~1918》250页上图）

▲ 做工精细的蓝色海军飞艇布制艇员臂章（《FILGHT BADGES OF THE GENTRAL POWERS 1914~1918》250页下图）

▲ 适用于蓝色制服的海军飞艇布制艇员臂章（《FILGHT BADGES OF THE GENTRAL POWERS 1914~1918》250页中图）

▼ 一名海军飞艇部队的士兵，请注意他的帽带。供图/Weitze

▼ 海军飞艇部队的帽带。供图/Weitze

MARINE = LUFTSCHIFF = ABTEILUNG

陆军飞艇部队肩章及臂章

通常，陆军飞艇部队肩章上配有花体字母“L”标记，军官的标记一般为金属制，士兵的为刺绣缝制，大多带有飞艇部队编号。

陆军飞艇的艇员也有类似海军的布制艇员臂章，只不过陆军布制艇员臂章上的飞艇图案呈金黄色，背景是陆军原野灰色。但关于陆军飞艇布制艇员臂章的资料非常缺乏，所以这种陆军飞艇布制艇员臂章或许只是一种原型，并没有实际配发。

▲ 陆军飞艇部队士官肩章。供图/Weitze

▲ 近卫军第1飞艇团士兵肩章。供图/Weitze

▲ 近卫军第2飞艇团士兵肩章。供图/Weitze

▲ 第十四集团军第4飞艇团士兵肩章。供图/Weitze

▲ 飞艇部队少尉肩章。供图/Weitze

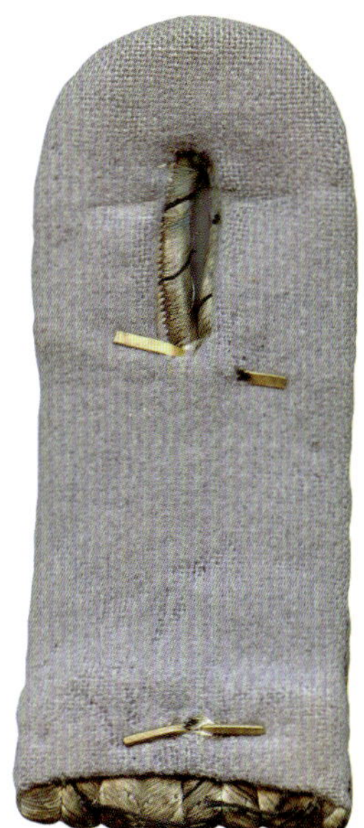

▲ 飞艇部队上尉肩章。供图/Weitze

◀ 飞艇部队军官肩章上的“L”金属徽标

1920年飞艇纪念奖章

鉴于德国在第一次世界大战期间使用飞艇轰炸城市及平民的劣迹，协约国在《凡尔赛和约》中对德国的飞艇和飞艇制造业做出了严厉的限制。和约第198条专门规定德国陆海军不得拥有或保留飞艇，第202条规定德国将所有的飞艇和地面艇库移交给协约国。“恐怖的齐柏林飞艇”就此烟消云散。

就在战败后的萧条期，1920年，新成立的德国魏玛政府向曾经在一战飞艇部队中服役的陆海军军官、士官和普通士兵授予了银制陆军/海军飞艇纪念奖章，除了飞艇艇员外，对飞艇进行后勤保障支援的人员也获得了该奖章。虽然获得者都能得到一张如本文中展示的授予证书，但纪念奖章本身必须由获得者自行购买。据估计，由于一战德军飞艇实际数量很少，还有授予标准的限制，实际获得陆军/海军飞艇纪念奖章的人数量非常有限。陆军版飞艇纪念奖章和海军版最大的区别是，陆军版的章体上没有海军版的皇冠（Reichskrone）。但1920年，陆军以命令的形式批准了这两种版本的飞艇纪念奖章均可佩戴，而且就目前所知，此后也没有命令阻止佩戴任何一种版本，所以一直到二战结束，陆军都继续同时佩戴这两种飞艇纪念奖章。

◀ 陆军飞艇艇员臂章

▲ 关于齐柏林伯爵及飞艇的明信片

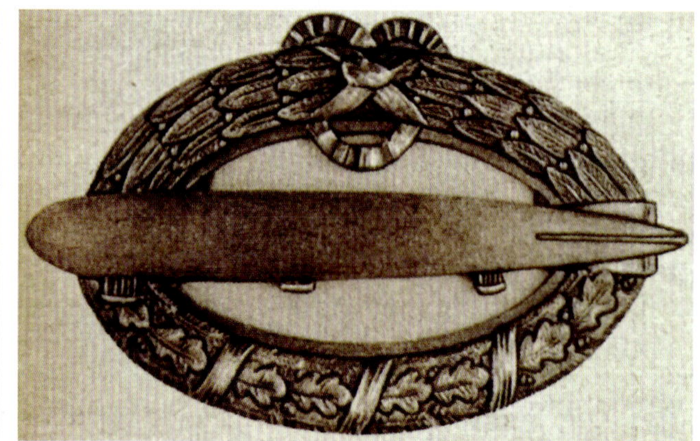

▲ 当时出版物上的两款飞艇纪念奖章图样

专门为海军飞艇部队设计的纪念奖章也被收藏界称为“齐柏林”奖章，有趣的是，在1918年德皇退位之后，这款奖章的设计仍然保留了皇冠。根据1871年制订的宪法，皇帝本人即是海军总司令，这意味着海军本质上是皇室的一部分。另外一方面，陆军只有在战时才属于皇室。在和平时期，巴伐利亚、萨克森和符腾堡王室都有权指挥他们自己的军队。与此同时，皇帝本人也是普鲁士国王。根据普鲁士宪法，国家或者领土的国王是陆军的最高指挥官。所以，与海军不同，皇帝只有在战时才能控制全部德国陆军，和平时期只能掌握普鲁士一个邦国。一个实际的例子就是巴伐利亚陆军飞行奖章，章体上是邦国巴伐利亚维特尔斯巴赫王室的王冠，而非普鲁士霍亨索伦皇室的皇冠。因此相较陆军，海军更能代表德国皇室和第二帝国传统，海军飞艇纪念奖章保留皇冠的设计就顺理成章了。让这个问题变得更加清晰的是，普鲁士的第9任国王和德意志帝国的第3任皇帝威廉二世曾经在1897年声明“皇室权利意味着海军权利”。皇冠作为德国皇家海军一种特别的象征从1888年一直持续到1918年，战败后，这种象征被海军退伍官兵保留并继承下来。

此外，魏玛时代对德国来说是一个重要的过渡期，各种政治组织，包括共产主义的斯巴达克斯党掀起的反帝运动风起云涌。这些运动在海军中也很高涨，事实上，在战争结束的混乱中，也有几艘飞艇被革命者夺取。所以很显然，不是所有海军成员都支持君主制，可能出于政治方面的原因，一些前海军飞艇部队官兵更喜欢佩戴陆军的无皇冠版飞艇纪念奖章。除了政治原因，陆军版飞艇纪念奖章与海军版在设计上的差异也体现了1917年之前，也就是陆军把全部飞艇移交给海军之前的那段时期，因此更为稀少。所以尽管没有海军版那样令人印象深刻的设计，陆军版飞艇纪念奖章却被认为更具收藏价值，在国际市场上的售价也更高。

▲ 原盒陆军飞艇纪念奖章，由C.E.Junker生产

▲ 陆军飞艇纪念奖章。供图/Hermann Historica

▲ 海军飞艇纪念奖章。供图/Berliner Auktionshaus

飞艇纪念奖章于1920年8月1日正式设立，8月21日在第54号军规公报上正式发布。公报中称："值此陆军和海军的航空部队解散之际，为了在德国人民中间保留对陆军和海军飞艇部队成员奋战经历的鲜活记忆，而设立这种纪念奖章。"

根据申请，该纪念奖章可以颁发给前飞艇艇员中的军官、士官和基层士兵，包括现役、非现役和退役人员，但必须于战争期间在战斗飞艇上服役满至少一年。随着每一枚奖章颁发一张授予证书。该章由陆军或海军总参谋长正式授予。

授予标准中所述的一年服役时间从1914年8月1日开始计算，到1918年11月9日截止。命令中特别强调，飞艇艇员如果在服役期间有多达十四天（或以上）的中断，这段时间将不会被计入一年服役期当中。

飞艇艇员如果在服役期间在任何情况下出现受伤或发生事故的时候不计个人安危，履行自己的职责、成为战俘被敌人监禁或者表现特别突出的均可以直接授予飞艇纪念奖章，不需要达到一年服役期。

▲ 海军飞艇纪念奖章别针。供图/Hermann Historica

▲ 二战时期佩戴海军飞艇纪念奖章的空军上校瓦尔费曼

对飞艇纪念奖章的申请，要按战争日志、服役记录等做出彻底的评定。在评定结果合格后，确定申请人为获颁者，将向其颁发一张授予证书，受奖者可以凭借证书去购买奖章。奖章申请的截止日期为1922年3月21日，但实际上也发现了一些晚于这个期限颁发的授予证书，这或许是由于冗长的审查过程所致。

飞艇纪念奖章应佩戴在制服的左胸袋上。如果该位置只有飞艇纪念奖章，则佩戴在胸袋中间；如果胸袋上有诸如一级铁十字勋章等，飞艇纪念奖章的位置必须低于它们，但具体位置可以由获得者自行决定。

制造飞艇纪念奖章的公司主要有：容克公司（C.E.Junker）、维尔纳父子公司（Werner & Sohne）、普赖斯勒公司（Preissler）、戈德特公司（Godet）、卢佩和海尔布隆纳公司（Luppe & Heilbronner）、瓦格纳公司（Wagner）、梅鲍尔公司（Meybauer）以及瓦尔特·肖特公司（Walter Schott）。由于该奖章属于战后私人购买性质，所以存在很多未知的生产厂家和特殊版本。

▼ 戈德特公司生产的海军飞艇纪念奖章及其包装袋。背景是戈德特公司的海报。戈德特公司是德国生产勋赏的大厂，其质量上乘，曾经为清政府生产过双龙宝星

▲ 一战期间德国人在西线曾广泛使用气球作战

气球作战

在军事上，观测气球与飞艇出于同源。自古以来，作战的重要原则之一，就是把部队调派到地势较高的地方，理由是这样可以延伸弓箭与标枪这类投射武器的射程，再者，在肉搏战中，地势较高的一方也更为有利。此外，占领高地还能扩展视野，增加目视距离，因此，无论东方还是西方，都会在城郭与堡垒等防御据点上设置望楼（瞭望塔）。然而，是否能占据高地要受到战场地形的限制，而且在战场上也无法建造太高的瞭望塔，所以侦察的效能大打折扣。如果指挥官和侦察的士兵能够高高在上，在空中进行瞭望，一定能够更精确地掌握战况，做出正确的判断。然而，空中侦察这样的梦想，在很长一段时间里始终是痴人说梦，直到1783年蒙哥尔费兄弟与查理斯相继以热气球和氢气球完成载人升空的壮举，才终于有了转机。在18世纪到19世纪初的这段时期，气球的发展非常迅速，1785年已经有人搭乘气球横越英吉利海峡，而且欧洲各国的军队也对这个新发明很感兴趣。

史料中记载，在法国大革命与后来各国干涉的战争期间，法国的共和国军曾利用气球来侦察敌情，同一时期本杰明·富兰克林曾提议使用气球来进行空降作战，拿破仑也曾计划用气球来进攻英国。但是也有史料提到，当时的法国对于把气球用于作战缺乏兴趣，因此很难有定论。毕竟当时气球还处于试验阶段，还有很多问题有待克服，恐怕还无法用于实战。抛开缺乏史料背景的作战行动不提，气球首次正式用于实战，是在美国南北战争时期，北军（联邦军）曾利用气球来观测侦察敌情。在南北战争如火如荼的1861年，美国已经把氢气球引进作为军事用途，开战之后，氢气球成为通讯部队的器材之一，负责指挥气球部队的是当时闻名遐迩的气球专家塔迪乌斯·罗，当时这支部队还配备了移动式的氢气制造机。可是，气球的施放与回收过程相当烦琐，即使遇到微风，气球也会大幅偏移，而且空中的气球吊篮和地面要如何联系也是一大问题，因此实战的效能不大。即便如此，气球的侦察功能依旧受到重视，随着通讯科技的进步，气球可望成为火炮间接射击时观察弹着点的工具，因此世界各国军方持续对气球保持兴趣，对其技术发展保持观望态度。进入19世纪初期之后，军用气球几乎不再使用热气球，而都采用氢气球。热气球不需要使用氢气，虽然优点是不会像氢气球那样爆炸，也不必准备氢气制造机，可是热气球很难稳定的控制飞行高度，使用时必须不断地为空气加热，效能不符合军方需求，所以遭到军方淘汰。南北战争结束后，之后的普法战争中也曾用到气球，法军用它和遭受包围的巴黎取得联系。进入20世纪之后，日俄战争爆

▼ 德国Ae800型观测气球

▲ 正在科布伦茨附近准备升空的观测气球

发，俄国的波罗的海舰队中，配备有一艘在当时极为先进的气球母舰"鲁斯"号，但舰队主力在对马海战中被日军摧毁，使得这艘气球母舰没有一展所长的余地。不过，俄国海军对于利用气球来观测弹着点非常热衷，曾经试验过用战列舰来施放气球。

第一次世界大战堪称是军用气球的全盛时期，各国军方都在前线配置了气球部队，利用气球来观测弹着点，让炮击的精确度大幅提升。当然，遭到炮击的一方也不会坐以待毙，会派出战斗机来击落气球。气球虽然是固定目标，但周边通常都有高射炮和防空机枪严密保护，甚至还有防御用的战斗机，所以想要击落气球也是相当困难的事。而且当时的气球填充的是氢气，攻击时要是靠得太近，战斗机本身也可能被氢气爆炸波及，所以尽管击落气球是非常重要的任务，但遭到很多飞行员的厌恶。此外，为了攻击气球，还开发出专用的火箭弹与燃烧弹，而遭到攻击的一方，也就是气球吊篮里的观测员，则优先配备着当时连飞行员都没配备的降落伞。观测气球之所以能活跃在第一次世界大战期间，首先是当时开发出了流线型的气球，不易被风吹走，同时还研制出了钢制气瓶，搬运和补充氢气变得更为容易；此外，有线电话的普及也让通讯联络变得更为有效；更重要的是，火炮间接射击的技术发展成熟，使得一战的战争形态演变为缺乏流动的阵地战。当然，在第一次世界大战期间，也曾利用飞机作为观测弹着点的工具，不过，和飞机相比，气球算是比较稳定的观测平台。虽然固定在原地无法移动，但是当时的飞机滞空时间相当短，从这个角度来说，气球还是很有利的。到了二十世纪二三十年代，航空科技迅猛发展，飞机日益进步，这时无论是空中侦察还是弹着观测，落伍的气球再也比不上飞机，尤其是无法自由移动这一点，更让气球身价大跌，此后气球的功能全部被飞机所取代。

到了第二次世界大战期间，气球几乎没有活跃的空间了。唯一还能派上用场的地方是在重要据点的上空，为了阻碍敌机攻击，会施放拦截气球作为固定的空中障碍物。此外，在战争初期或苏德战场，尤其在列宁格勒战区，双方也曾运用过观测气球，这是比较少见的例外情况。

▼ 被击落的一个观测气球

自由动力气球飞行员奖章

《凡尔赛和约》规定，战败的德国不准拥有飞机和飞艇部队。因此，在1933年之前，飞行在德国仅仅成为一项体育运动，但德国官方还是在暗地里为重建空军做准备，鼓励民间的航空活动，各地区的飞行俱乐部如雨后春笋般纷纷建立起来。为了推进这些非军事飞行训练活动，德国航空体育协会（Deutsche Luftsportverband，简称DLV）于1933年3月25日正式成立。这个组织合并了当时德国所有的私人飞行俱乐部，还担负起提高民间对各种飞行运动兴趣的重任，从而为空军的重建创造基础。该协会主要任务是指导滑翔机、自由热气球和动力飞行器飞行运动，同时还负责推广模型飞机制作等项目。该组织工作的重点是激发德国民众对于飞行的兴趣并培养他们的飞行技能。

1935年3月，德国空军正式重建，并独立成军。原有的德国航空体育协会已经完成了自己的历史任务，遂于1937年4月7日正式解散。其职能被一个更专业、更具针对性（为空军培养飞行人才）的新组织——国家社会主义飞行团（简称NSFK）继承，DLV的所有人员都转入了NSFK。NSFK成立于1935年5月5日，直接归德国空军部长和空军总司令掌握。其主要职能与DLV类似，包括在德国推广航空事业，激发民众对航空的热忱，并且大力宣传空中力量在现代战争中的重要性。并通过课堂教学、实地训练和操作，培养了一批青年成为未来德国空军的骨干。

自由动力气球飞行一直是重要的民间航空项目，一般采用热气球的飞行方式。相对动力飞行器门槛较低，参与度高，对培养民众对航空运动的兴趣颇具意义。DLV和NSFK都对获得自由动力气球执照的飞行员颁发了资格奖章。

▲ DLV的会旗

▼ NSFK的会旗

▲ NSFK的自由动力气球

▲ 观测气球上的飞行员

DLV自由动力气球飞行员奖章

设立的时间未知。只存在布制奖章，缝在获得者右胸的口袋上。该奖章是将铝线手工刺绣在蓝灰色的椭圆形羊毛底版上，章体（包括底版）高68毫米，宽55～56毫米。奖章中心图案为一个热气球，其吊篮刚好位于橡叶环底部的束结上方。热气球上覆盖着一枚带有黑色万字符号的DLV飞行员翼章，而且翼章的两边延伸出了橡叶环。除顶端的开口外，整个热气球都被橡叶环围绕，底部有个弓形的花结。因为这款奖章属于手工刺绣，所以每一枚都存在微小的差别。未使用状态的DLV自由动力气球飞行员奖章通常在背面覆盖着一层蓝灰色或黑色的纸。该奖章在DLV解散之后，可以继续佩戴在NSFK和其他组织的人员身上。

NSFK自由动力气球飞行员奖章

作为NSFK的第一款正式奖章，NSFK自由动力气球飞行员奖章于1938年3月10日正式设立。这款奖章由亚光银材料制作（据说也存在一种铝线的手工刺绣版，但没有得到证实）。章体中心图案与DLV类似，也是一个带有吊篮的热气球，但去掉了DLV飞行员翼章，在热气球气囊的顶端增加了NSFK的标志——飞翔的阿喀琉斯，热气球四周围绕着椭圆形的橡叶环。章体背后是垂直的别针，用于佩戴在获得者的左胸。章体的尺寸是：高58毫米；宽45毫米。

◄▼ DLV自由动力气球飞行员奖章。供图/Christopher Ailsby

▲ 非常罕见的DLV自由动力气球飞行员奖章佩戴照片。供图/Christopher Ailsby

▲ NSFK自由动力气球飞行员奖章。供图/Christopher Ailsby

二战气球观测员奖章

由于在二战期间已经是一种过时的侦测设备，德军装备的观测气球也远远不如一战那样普遍，直到1944年，德国国防军陆军总司令部才设立气球观测员奖章（Ballonbeobathterabzecben），授予在气球上执行炮兵弹着观测任务的陆军军官和士兵。二战期间，观测气球可以飞到距离地面300～500米高，观测员就待在充满氢气的气球下方的吊篮中，是飞机和地面火力的明显目标。在战争早期，德国空军掌握制空权的时候，这种技术还可以继续有效地运用，尽管其危险性一点也没有降低。

▼ *德军在东线使用的观测气球*

在气球观测员奖章设立之前，气球观测员并没有特殊的徽标和奖励，仅仅被授予各级铁十字勋章。但随着战况的恶化，气球观测员的任务变得愈加危险，设立一种专门的奖章以表彰这些人的英勇事迹越发必要。授予标准正式制订之后，位于德累斯顿的一家制造商获得了少量制造这种奖章的合同。气球观测员奖章根据一套记分系统（依据任务的难易程度或成功执行任务的次数）分为三个级别：积累20分的观测员授予铜级气球观测员奖章；45分授予银级气球观测员奖章；75分授予金级气球观测员奖章。这套记分系统更多是依据任务的难易程度，例如在执行观测任务期间，观测员从遭遇攻击的气球吊篮中跳伞可以获得10分。授予气球观测员奖章需要基于军官的推荐，可以是炮兵部队的军官或观测气球部队的军官，随每一枚奖章颁发一张授予证书。气球观测员奖章佩戴在左胸下方。

奖章外形是一个椭圆形的橡树叶花环，每片橡树叶旁有一颗橡树果，上部为陆军鹰徽抓着万饰。一个观测气球在奖章的中间呈45度延伸至奖章右边的橡叶环。

事实上，气球观测员奖章的铜级和银级都曾经实际授予过，但尚无资料表明授予过金级。考虑到该奖章设立的时间（战争末期），在战争中大规模使用观测气球的时代已经过去，执行此类任务的观测员数量也非常有限，气球观测员奖章成为第三帝国最罕见的战时勋赏之一。

BESITZZEUGNIS

DEM

OBERLEUTNANT

PETER STEGMANN

LE.BEOB.ABT.(MOT)64

VERLEIHE ICH FÜR SEINE LEISTUNGEN ALS BALLONBEOBACHTER IM FRONTEINSATZ

DAS

BALLONBEOBACHTERABZEICHEN

1. STUFE

HAUPTQUARTIER/OKH., DEN 12. DEZEMBER 1944

GENERAL DER ARTILLERIE
BEIM CHEF DES GENERALSTABES DES HEERES

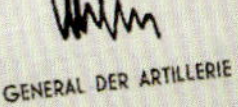

GENERAL DER ARTILLERIE

◄ ▲ **气球观测员奖章及证书。**
供图/Hermann Historica

袖扶尊荣

第三帝国军事袖标鉴赏（中）

作者：谢亮

Ärmelband im Dritte Reich

空军袖标

1935年到1945年之间，德国空军部队使用的袖标大致可分为三类。第一类表明佩戴者曾经服役于一个特别组织，可以认为其具有纪念性质；第二类表明佩戴者在部队中服役的部门；最后一类也是最主要的一类，是表明佩戴者在一个有着深远传统或荣誉称号的部队服役，而这些部队通常被认为是精锐部队。

除伞兵部队的袖标外，所有的空军袖标均采用深蓝色的底板布，但是质地相差较大。大多数袖标长47厘米，宽3.3厘米。文字在大多数情况下高1.9厘米（大写字母）和1厘米（小写字母），但也略有不同。

底板布大多数采用深蓝色的羊毛或高质量的羊毛软白织物。深蓝色通过颜色的渐变可以从蓝黑色到宝蓝色。袖标颜色的褪色也可能加大颜色之间的差别。

士兵和士官版袖标字体采用高质量的银灰色纱线机器刺绣。因为该等级的袖标允许私人购买，袖标字体采用更高质量的暗灰色纱线手工刺绣，使得私人购买版本的字体比标准版本的看起来厚一些。军官版的袖标字体采用高质量的铝线手工刺绣。需要注意的是士兵和士官如果愿意也可以佩戴军官版质量的袖标，而军官则可以在飞行服和野战服上佩戴士兵和士官版袖标。

袖标背面的刺绣区域通常采用一层亚麻线加固。尽管在机器刺绣版本的袖标上不常见，但手工刺绣的袖标上肯定采用的亚麻线。总体来说，宽度范围外的多余材料都被缝制到袖标背面，袖标的边缘都有一条“俄罗斯丝带”镶边。

所有的袖标都佩戴在制服的右下袖，但是不能佩戴在晚礼服上。已知的唯一例外情况是1936～1937年，里希特霍芬战斗机联队成员在里希特霍芬战斗机联队纪念袖标设立后将其佩戴在晚礼服上。每人只能佩戴一枚部队袖标或纪念袖标，但是其他诸如战役袖标可以组合佩戴。

1944年10月26日，空军条令通知第44/1532号（Luftwaffen-Verordnungsblatt 44/1532）规定：为了有效地控制不必要的材料浪费，袖标的标准长度为22～25厘米，省下的布料用于制作制服的法式套筒。尽管有明文规定，但是加长型袖标仍然在生产，而标准长度的袖标几乎没有授予过。

1936年7月26日，空军条令通知第36/985号规定：禁止医疗人员、军需官、行政官员等佩戴部队袖标。其他特殊专业技术人员在此之后不允许佩戴袖标。但是这个条令在各部队并没有真正执行。空军条令通知第36/1065号中将预备役军官也纳入了禁令中，但预备役军官佩戴袖标禁令在1937年7月26日的37/985号令中取消。事实上，各联队基地的预备役军官都佩戴有各自联队的袖标。1942年6月3日颁发的空军条令通知42/1519号中进行了部分修改。条令规定长期服役的地面工作人员可以佩戴本部队袖标，这项特权只对现役人员有效，只要退出现役该权利自然失效。

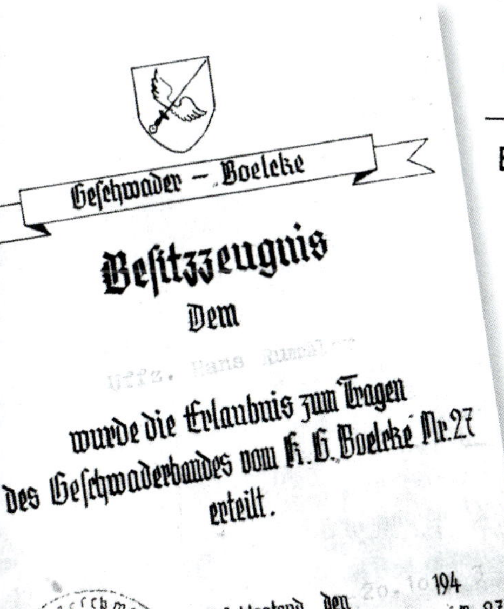

Geschwader – Boelcke

Besitzzeugnis

Dem

wurde die Erlaubnis zum Tragen des Geschwaderbandes vom K.G. Boelcke Nr.27 erteilt.

Gefechtsstand, den 194

Der Kommandeur der III.K.G. Boelcke Nr.27

I.V.

◄ 准许佩戴第27“波尔克”轰炸机联队袖标的证书

Erinnerungs-bänder (Armstreifen)

	Mannschaften Seide masch.-gest.	Mannschaften Seide handgestickt	Offiziere Aluminium handgestickt
Jagdgeschwader Richthofen	1.10	3.—	3.25 RM
Jagdgeschwader Boelcke	1.—	2.75	3.— RM
Jagdgeschwader Immelmann	1.—	2.75	3.— RM
Jagdgeschwader Hindenburg	1.—	2.75	3.— RM
Jagdgeschwader Horst Wessel	1.10	3.—	3.25 RM
Jagdgeschwader General Wever	1.10	3.—	3.25 RM
Jagdgeschwader Frhr. v. Richthofen Nr. 1 1917/18			6.— RM
Jagdstaffel Boelcke Nr. 2 1916/18			5.25 RM
Armstreifen General Göring	1.—	2.75	3.— RM

Zahlungs- und Lieferungsbedingungen.

eise freibleibend und unverbindlich! Rein Netto Kassa in 30 Tagen. Für Barzahlung in 14 Tagen 2% Skonto. Erfüllungsort für Lieferung und Zahlung ist Weißenburg in Bayern. Verpackung wird billigst berechnet.

▲ 1937年左右巴伐利亚维森堡一家商店制作出售空军袖标的广告

获得袖标的人员同时还能获得一份授予证书和允许佩戴的授权书，还会在本人证件及个人军人档案上记录。

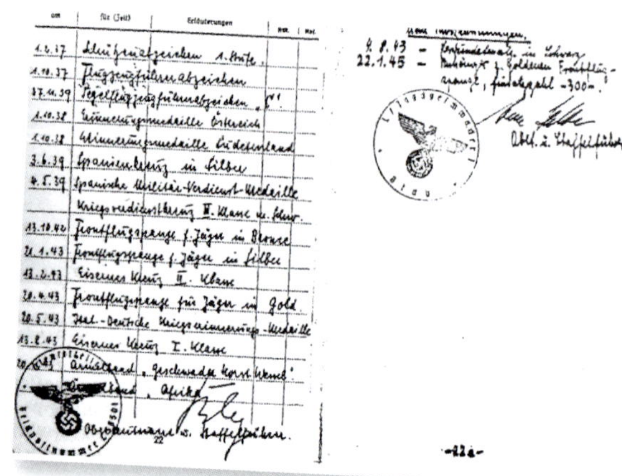

am	für (Teil) Erläuterungen
1.6.37	[illegible] 1. Stufe.
1.10.37	Flugzeugführerabzeichen
17.11.39	Segelflugzeugführerabzeichen „C"
1.10.38	Erinnerungsmedaille Österreich
1.10.38	Erinnerungsmedaille Sudetenland
3.6.39	Spanienkreuz in Silber
4.5.39	Spanische Militär-Verdienst-Medaille
	Kriegsverdienstkreuz II. Klasse m. Schw.
13.10.42	Frontflugspange f. Jäger in Bronze
21.1.43	Frontflugspange f. Jäger in Silber
12.2.43	Eisernes Kreuz II. Klasse
20.4.43	Frontflugspange für Jäger in Gold
20.5.43	Ital.-Deutsche Kriegserinnerungs-Medaille
13.8.43	Eisernes Kreuz I. Klasse
20.[illegible].43	Ärmelband „Geschwader Horst Wessel"
	Ärmelband „Afrika"

Oberleutnant u. Staffelführer.

22

4.8.43 – Verwundetenabzeichen in Schwarz
22.1.45 – [illegible]

Oblt. u. Staffelführer

▲ 一名第26驱逐机联队士兵的士兵证，在其奖赏清单里面记有其获得霍斯特·威塞尔联队袖标和非洲袖标的记录

纪念袖标

里希特霍芬战斗机联队纪念袖标

1935年4月23日的空军条令通知第165号下令设立里希特霍芬战斗机联队纪念袖标。袖标样式参照了里希特霍芬战斗机联队袖标样式，采用深绿色底板布，文字“Jagdgeschwader Richthofen”采用高质量的铝线手工刺绣，上下各有一条3毫米宽的“俄罗斯丝带”镶边。袖标由一战中曾经在里希特霍芬战斗机联队服役的军官佩戴。

▼ 一战中里希特霍芬战斗机联队的战斗机

▼ “红男爵”曼弗雷德·冯·里希特霍芬

Jagdgeschwader Richthofen

▲ 第一版里希特霍芬战斗机联队纪念袖标。绘图/顾伟欣

第一版本的袖标存在的时间不长，1935年10月29日的空军条令通知第816号中下令设立新样式袖标，只要证明自己曾经在一战中的里希特霍芬联队服役的人员都可以获得。新袖标的两排文字为“Jagdgeschwader Frhr. v. Richthofen Nr. 1 1917/18”，同样拥有两条3毫米宽的“俄罗斯丝带”镶边。里希特霍芬战斗机联队纪念袖标通常采用铝线手工刺绣，但是也有士兵版的“俄罗斯丝带”镶边采用银灰色丝线机器刺绣。军官版“俄罗斯丝带”镶边采用铝线和银色丝线。银色镶边通常呈现出污点和金色。还存在“俄罗斯丝带”镶边采用铝线、文字“Jagdgeschwader Frhr. v. Richthofen Nr. 1 1914/18”采用铝线手工刺绣的袖标版本。存世的唯一一枚该版袖标现在陈列在柏林加托夫的空军博物馆，但由谁佩戴就不得而知了。

▲ “Jagdgeschwader Frhr. v. Richthofen Nr. 1 1914/18”袖标。供图/Weitze

▲ 空军元帅沃尔夫拉姆·冯·里希特霍芬与空军军官在一起。他是曼弗雷德·里希特霍芬的叔叔，请注意照片上他隐约佩戴着“Jagdgeschwader Frhr. v. Richthofen Nr. 1 1917/18”袖标。由叔叔佩戴纪念侄子的袖标，让人唏嘘。里希特霍芬家族是德国空军世家，除了曼弗雷德和沃尔夫拉姆，曼弗雷德的弟弟洛塔尔也是一名著名的空军王牌

波尔克联队纪念袖标

1935年4月18日的空军条令通知第14号下令设立波尔克联队纪念袖标，授予一战中曾经在波尔克战斗机中队服役的人员。袖标上的文字是“Geschwader Boelcke”。与里希特霍芬战斗机联队纪念袖标一样，波尔克联队纪念袖标也有上下各一条3毫米宽的“俄罗斯丝带”镶边。

袖标在同年十月被取消。空军条令通知第816号中下令设立新样式波尔克联队纪念袖标，只要证明自己曾经在一战中的波尔克中队服役都可以获得。袖标上的文字为“Jagdstaffel Boelcke Nr. 2 1916/18”，上下各有一条3毫米宽的“俄罗斯丝带”镶边。

◄ 一战最著名的王牌飞行员之一奥斯瓦尔德·波尔克

◄ “Jagdstaffel Boelcke Nr. 2 1916/18” 袖标

▲ 佩戴“Jagdstaffel Boelcke Nr. 2 1916/18”袖标的布鲁诺·洛尔泽尔上将

▼ 一战最著名的王牌飞行员之一马克斯·殷麦曼

▲ 佩戴“Geschwader Immelmann”纪念袖标的马克斯·蒂博尔德少尉

殷麦曼联队纪念袖标

1935年4月18日的空军条令通知第164号下令设立殷麦曼联队纪念袖标，授予一战中曾经在殷麦曼战斗机中队服役的人员。袖标上的文字为“Geschwader Immelmann”，上下各有一条3毫米宽的“俄罗斯丝带”镶边。

与里希特霍芬战斗机联队纪念袖标和波尔克联队纪念袖标不同，殷麦曼联队纪念袖标并没重新设立。奇怪的是，在新的里希特霍芬战斗机联队纪念袖标和波尔克联队纪念袖标设立时，殷麦曼联队纪念袖标的“俄罗斯丝带”镶边被取消，这使得那些一战中在殷麦曼战斗机中队服役的人员没有显著的标识。但是这项规定并没有被大家遵守，从目前见到的照片来看，带“俄罗斯丝带”镶边的袖标在后来被继续使用。

▼ 殷麦曼联队纪念袖标。绘图/顾伟欣

Geschwader Immelmann

岗位袖标

战地记者袖标

1940年11月20日的空军条令通知第1518号下令设立战地记者袖标，授予担任空军战地记者的人员。

袖标采用普通的深蓝色底板布（也有采用深蓝黑色的），文字“Kriegsberichter der luftwaffe”采用哥特体。士官和士兵版袖标采用银灰色或暗灰色纱线手工或机器刺绣，军官版采用铝线手工刺绣。与大多数部门袖标不同，军官版战地记者袖标上下各有一条3毫米宽的“俄罗斯丝带”镶边。

与陆军战地记者袖标一样，文字“Kriegsberichter der luftwaffe”的“der luftwaffe”被省略。因为没有发现战时的佩戴照片，这种袖标被认为是战后生产的。

▲ 正在进行拍摄的空军战地记者

◀ 空军战地记者袖标。供图/Weitze

▲ 佩戴“Kriegsberichter der luftwaffe”袖标的两名空军战地记者。请注意左边这位还佩戴了空军非洲袖标

战地宪兵袖标

直到1942年末1943年初，德国空军都没有相应的战地宪兵部队，随后伞兵师、空军野战师和赫尔曼·戈林师设立了战地宪兵。

▲ 空军战地宪兵，他们身着迷彩服，佩戴有宪兵胸牌

空军版的战地宪兵袖标并没有设立，空军战地宪兵使用陆军版袖标。照片显示，伞兵师和赫尔曼·戈林师的战地宪兵在飞行上衣和野战服左下袖佩戴陆军版战地宪兵袖标。尽管有不同版本的战地宪兵袖标存在，但是从照片上看，空军战地宪兵使用的是标准的机器缝制版本。

袖标宽3.2厘米，采用棕褐色的人造纤维底板布，3毫米宽的“俄罗斯丝带”镶边（距边缘2毫米）采用浅灰色丝线机器缝制。文字“Feldgendarmerie”采用浅灰色人造丝线机器缝制。

▼ 佩戴空军元首大本营袖标的一名戈林师防空部队人员。供图/Hermann Historica

元首最高指挥部袖标

负责元首大本营防空任务的赫尔曼·戈林师高炮部队人员，或在元首警卫营服役人员都可以佩戴陆军版元首最高指挥部袖标。

从照片上看，空军人员佩戴的是机器刺绣的哥特体文字版和手工刺绣的苏特林体版。

◄ 空军元首大本营袖标。供图/Hermann Historica

部队袖标

里希特霍芬战斗机联队袖标

1935年3月25日的空军条令通知第91号下令设立里希特霍芬联队战斗机袖标，授予多贝雷茨飞行大队（该大队后改名为第132飞行联队、第131飞行联队，最终更名为第2飞行联队）所有成员。

► 第2“里希特霍芬”战斗机联队队徽

◀ 第2"里希特霍芬"战斗机联队白色7号Bf-109E战斗机

袖标是为了纪念一战中最伟大的王牌飞行员曼弗雷德·阿尔布雷希特·冯·里希特霍芬男爵（Manfred Albrecht Freiherr von Richthofen）以及继承传统的多贝雷茨飞行大队。袖标佩戴在制服右下袖。袖标文字"Jagdgeschwader Richthofen"采用哥特体，军官版采用铝线手工刺绣，士官和士兵版采用银灰色或暗灰色的纱线手工或机器刺绣。袖标没有"俄罗斯丝带"镶边。

波尔克联队袖标

1935年4月18日的空军条令通知第164号下令设立波尔克联队袖标，授予法斯贝格联队（该联队后改名

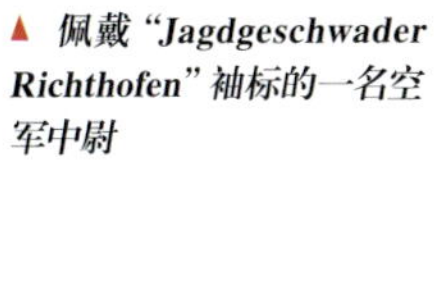

▲ 佩戴"Jagdgeschwader Richthofen"袖标的一名空军中尉

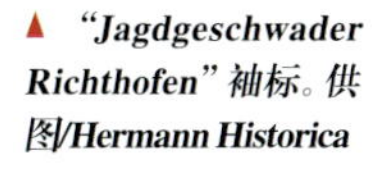

▲ "Jagdgeschwader Richthofen"袖标。供图/Hermann Historica

◀ 第27"波尔克"轰炸机联队使用的He-111轰炸机

为第154轰炸机联队、第157轰炸机联队，最终更名为第27轰炸机联队）所有成员。

袖标是为了纪念一战中另一位伟大王牌奥斯瓦尔德·波尔克（Oswald Boelcke）上尉。波尔克上尉是德国空军中第一个获得"蓝色马克斯"勋章的人。他曾经指挥一个中队与里希特霍芬竞争，并且赢得的声誉不亚于红男爵。

军官版袖标上文字"Geschwader Boelcke"（或"Geschwader Bölcke"）为哥特体，采用铝线手工刺绣，士官和士兵版采用银灰色或暗灰色纱线手工或机器刺绣。

◄ 佩戴"Geschwader Boelcke"袖标的格哈德·克雷姆斯中尉

▲ "Geschwader Boelcke"袖标。供图/Hermann Historica

▼► 佩有"Geschwader Boelcke"袖标的一件空军士兵常服。供图/Weitze

殷麦曼联队袖标

殷麦曼联队袖标和波尔克联队袖标同时设立，授予什未林飞行联队（该联队后改名为第162斯图卡轰炸机联队，最终更名为第2斯图卡轰炸机联队）所有成员。

什未林飞行联队是为了纪念另外一位伟大王牌——马克斯·殷麦曼（Max Immelmann）中尉是一战空军最为受人喜爱和尊重的空军军官之一。他于1916年1月12日获得“蓝色马克斯”勋章。殷麦曼飞行生涯在当年6月18日戛然而止，他驾驶飞机在混战中被击中后坠落地面。殷麦曼当场身亡。殷麦曼受到了对手的尊敬，英军飞行员在他坠机地点献上了带有“英勇和有骑士风度的对手”文字饰带的花环。

袖标文字“Geschwader Immelmann”采用哥特体。士官和士兵版采用银灰色或暗灰色纱线手工或机器刺绣，军官版采用铝线手工刺绣。袖标佩戴在制服右下袖。

► 佩有“Geschwader Immelmann”袖标的一件空军上尉常服。供图/Hermann Historica

▲ 第2“殷麦曼”斯图卡轰炸机联队的Ju-87 B2俯冲轰炸机机群

◄ “Geschwader Immelmann”袖标。供图/Weitze

▲ 佩戴“Geschwader Immelmann”袖标的一名空军士兵

霍斯特·威塞尔联队袖标

1935年3月24日的空军条令通知第457号下令设立霍斯特·威塞尔联队袖标，授予多特蒙德飞行联队（该联队后改名为“第142驱逐机联队”，最终更名为“第26驱逐机联队”）所有成员。

该袖标是纪念纳粹党员、冲锋队突击队中队领袖霍斯特·威塞尔（Horst Wessel）。1930年2月23日，他在柏林家中被暗杀。威塞尔是纳粹党党歌《旗帜高扬》（Die Fahne Hoch，又名霍斯特·威塞尔之歌）的歌词作者。全国冲锋队成员发起了募捐活动，募捐而来的资金用来生产飞机以装备多特蒙德飞行联队。

霍斯特·威塞尔联队袖标采用深蓝色底板布，文字“Geschwader Horst Wessel”采用哥特体。

需要注意的是，霍斯特·威塞尔联队袖标早期存

▼ 被纳粹党神化为烈士的霍斯特·威塞尔

◄ 隶属于第26“霍斯特·威塞尔”驱逐机联队的一架Me-110

▲ “Horst Wessel”袖标。供图/Hermann Historica

在手工刺绣镶边。3毫米宽的“俄罗斯丝带”镶边采用银灰色丝线刺绣。这应该是极早期版本。

◄ 佩戴“Horst Wessel”袖标的赫伯特·卡明斯基上尉

▼ ► 佩有“Horst Wessel”袖标的一件空军军士长常服。供图/Hermann Historica

兴登堡联队袖标

1936年4月20日的空军条令通知第586号下令设立兴登堡联队袖标，授予格赖夫斯瓦尔德飞行联队（该联队后改名为第52轰炸机联队，最终更名为第1轰炸机联队）所有成员。

袖标的名字来源于一战德军总参谋长、陆军元帅，在1925年开始担任德国总统的保罗·冯·兴登堡（Paul von Hindenburg）。虽然蔑视希特勒和纳粹党，兴登堡却不得不在1933年1月10日任命希特勒为总理。在1934年6月兴登堡逝世后，希特勒迅速采取行动，将总统和总理集于一身，并宣布自己为元首。

兴登堡联队袖标采用深蓝色底板布，文字“Geschwader Hindenburg”采用哥特体。

▼ ► 配有“Geschwader Hindenburg”袖标的一件空军上尉常服。供图/Hermann Historica

◄ 佩戴“Geschwader Hindenburg”袖标的一名空军军官

▲ “Geschwader Hindenburg”袖标。供图/Hermann Historica

韦弗将军联队袖标

1936年6月4日的空军条令通知第686号下令设立韦弗将军联队袖标，授予哥达轰炸机联队（该联队后改名为第253轰炸机联队，最终更名为第4轰炸机联队）所有成员。

袖标是为了纪念德国空军第一任总参谋长瓦尔特·韦弗（Walter Wever）将军。韦弗将军被认为是一名有能力的官员，但是在1936年6月因飞机失事身亡。韦弗将军不但能力出众，人际关系处理也非常好，与戈林、米尔契和各部队及各空军军区指挥官都能合作融洽。

韦弗将军联队袖标采用深蓝色底板布，文字“Geschwader General Wever”（有时简写为“General Wever”）采用哥特体。袖标佩戴在制服右下袖。

▲ 第4“韦弗将军”轰炸机联队队徽

▲ 佩戴“Geschwader General Wever”袖标的一名空军士官

► 德国空军第一个任总参谋长瓦尔特·韦弗

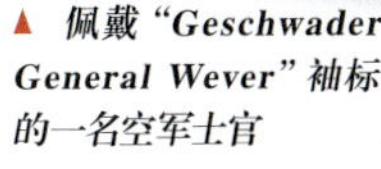

▼ “Geschwader General Wever”袖标。供图/Hermann Historica

史拉格特战斗机联队袖标

1938年12月8日的空军条令通知第48号下令设立史拉格特战斗机联队袖标，授予第132战斗机联队（该联队最终更名为第26战斗机联队）所有成员。袖标是为了纪念一战军官、纳粹党早期党员、自由军团老兵阿尔伯特·里奥·史拉格特（Albert Leo Schlageter）。他是法国占领区——鲁尔地区一支民兵组织的领袖，从事破坏与爆破等对抗活动，随后被法军逮捕并在1923年5月26日被枪决。史拉格特成为当地德国人民心目中的英雄，因此德国收回鲁尔之后将驻扎在此的战斗机联队命名为“史拉格特联队”。

史拉格特战斗机联队袖标采用深蓝色底板布，文字“Jagdgeschwader Schlageter”采用哥特体。袖标佩戴在制服右下袖。

▲ 阿尔伯特·里奥·史拉格特

▲ ► “Jagdgeschwader Schlageter”袖标。供图/Hermann Historica

▲ 第26“史拉格特”战斗机联队队徽

▲ “史拉格特”联队的Bf-109 E机群

▼ ► 佩有“Jagdgeschwader Schlageter”袖标的一件空军士官常服。供图/Hermann Historica

◄ 佩戴“Jagdgeschwader Schlageter”袖标的加兰德

“秃鹰军团”袖标

1939年6月12日的空军条令通知第569号下令设立“秃鹰军团”袖标，授予第53轰炸机联队、第9高炮团和空军第3通信团的所有成员。该袖标是为了纪念参与1936～1939年西班牙内战的“秃鹰军团”空军人员。

“秃鹰军团”袖标采用深蓝色底板布，文字“Legion Condor”采用哥特体。

▲ 飞越克罗地亚上空的第53“秃鹫军团”轰炸机联队的Do-17轰炸机

▼ ► 配有“Legion Condor”袖标的一件空军军士长常服。供图/Hermann Historica

▼ “Legion Condor”袖标。供图/Weitze

▲ 一名佩戴“Legion Condor”袖标的空军骑士十字勋章获得者。供图/Weitze

坦能堡战役袖标

1939年9月5日的空军条令通知第813号下令设立坦能堡战役袖标，授予第10侦察大队所有成员。该袖标是为了纪念1914年8月德军在东普鲁士取得坦能堡战役的伟大胜利。

坦能堡战役袖标采用深蓝色底板布，文字“Tannenberg（坦能堡）”采用哥特体。袖标佩戴在制服右下袖。

需要注意的是，从战时的照片上还发现了该袖标极为稀有版本。袖标上文字为“...ppe Tannenberg”，由此推断前一个单词有可能是“Gruppe”，也极有可能是“Aufklärungsgruppe”。

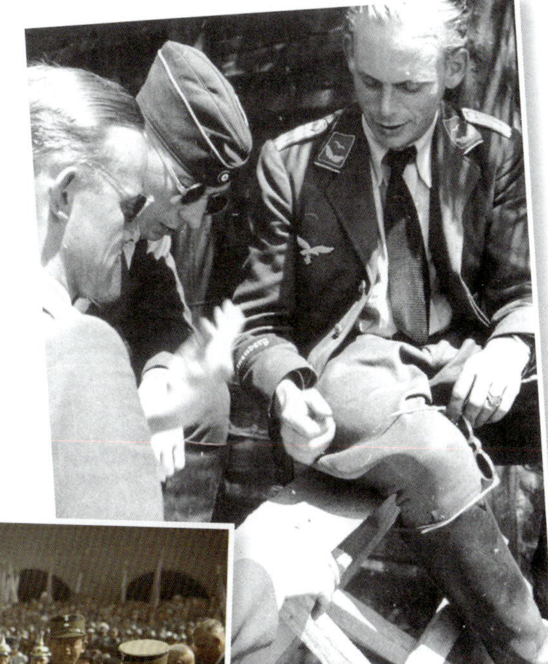

▲ 佩戴坦能堡战役袖标的几名空军军官

◄ 1933年兴登堡和希特勒共同出席坦能堡战役纪念活动。坦能堡战役是兴登堡军事生涯的巅峰

◄▲ 坦能堡战役袖标

乌德特战斗机联队袖标

1941年12月20日的空军条令通知第429c/59号下令设立乌德特战斗机联队袖标，授予第3战斗机联队所有成员。该袖标是为了纪念空军后勤部长恩斯特·乌德特将军（Ernst Udet）。乌德特是一名深受同事喜爱的军官，与戈林和希特勒私交不错。恩斯特·乌德特毫无政治嗅觉，他所想的只是试飞战机而并没有察觉到官场的险恶和逼近的威胁。在大不列颠空战失败后，他被认为忽视战斗机生产而饱受指责，入侵苏联后深感力不从心，且与戈林关系糟糕，在感到完全绝望后于1941年11月17日自杀身亡。纳粹宣传部队对外宣称：空军上将乌德特在一次英勇的危险试飞中不幸失事，为国捐躯。第3战斗机联队以他的名字命名。

乌德特战斗机联队袖标采用深蓝色底板布，文字“Jagdgeschwader Udet”采用哥特体。袖标佩戴在制服右下袖。

▶ 恩斯特·乌德特

▲ 第3“乌德特”战斗机联队队徽

▲ 第3“乌德特”战斗机联队的Bf-109

▼ “Jagdgeschwader Udet”袖标。供图/Weitze

▶ 佩戴“Jagdgeschwader Udet”袖标的奥托·韦斯林少尉

莫德尔斯战斗机联队袖标

1941年12月20日的空军条令通知第429c/59号下令设立莫德尔斯战斗机联队袖标，授予第51战斗机联队所有成员。

该袖标是为了纪念德国空军最为精干的军官维尔纳·莫德尔斯（Werner Mölders）上校。莫德尔斯曾经作为“秃鹰军团”的一员参与了西班牙空战，并在空战中成为王牌。二战爆发后，莫德尔斯名声大振。1941年7月，在击落第101架敌机后，莫德尔斯成为第一位获得钻石佩剑橡叶骑士十字勋章的军人。

▲ 第51“莫德尔斯”战斗机联队队徽

◄ 二战时期最著名的德国空军王牌之一维尔纳·莫德尔斯

▲ 第51“莫德尔斯”战斗机联队的一架Bf-109E

▼ “Jagdgeschwader Mölders”袖标。供图/Weitze

作为最好的飞行员，莫德尔斯因其和蔼、体贴而受到他人尊敬。相较于同龄人，他因年纪稍长而赢得了“爸爸”（Vati）的绰号。有趣的是，这个词的德语发音与英语中的脂肪（Fatty）相似。多年后，盟军还一直以为这个不好听的绰号是莫德尔斯的昵称。

莫德尔斯是一名虔诚的天主教徒，经常公开抗议纳粹党对天主教的迫害，这也使得他遭到了纳粹党的仇恨。但希特勒对于莫德尔斯能够坦率地说出自己的想法非常赞赏，并且警告鲍曼不要干扰莫德尔斯，因为他是一名“非常正派的人”。1941年11月22日，莫德尔斯在参加乌德特将军葬礼的途中飞机失事身亡。

莫德尔斯去世时的军衔虽然为上校，但是他担任的职务却是德国空军战斗机兵种总监。他的去世对德国空军来说是不可估量的损失。

莫德尔斯战斗机联队袖标采用深蓝色底板布，文字“Jagdgeschwader Mölders”采用哥特体。袖标佩戴在制服右下袖。

▲ 一名佩戴有“Jagdgeschwader Mölders”袖标的骑士铁十字勋章获得者。供图/Weitze

非洲袖标

非洲袖标并不是某个特定部队的袖标，而是由在非洲前线服役部队的成员佩戴。

1942年3月16日的空军条令通知第42/622号下令设立非洲袖标。袖标宽3.3厘米，采用深蓝色底板布，文字“Afrika”采用大写。士兵和士官版袖标采用银灰色或暗灰色的纱线手工或机器刺绣，军官版采用铝线手工刺绣。

袖标的佩戴对象为驻扎在北非的部队成员，那些基地在欧洲去北非执行任务的部队成员没有资格佩戴。获得者在回国休假时或在北非执行任务受伤回国接受治疗时都可以佩戴袖标。当获得者调离北非或转入不在北非的新单位服役后，袖标将被收回。

▲ 非洲前线的德国空军部队

▼ “Afrika”袖标。供图/Weitze

▲ 佩戴“Afrika”袖标的卡尔–海因茨·本德尔特中尉

赫尔曼·戈林伞兵装甲部队袖标

在希特勒1933年就任德国总理后一个月，时任普鲁士内政部长的戈林建立了一支特别警察部队，其作用是效忠希特勒和解决一切对新政府有威胁的人物和行动。

普鲁士警察部队的韦克少校担任该部队指挥官。部队在组建后两周内就执行了对共产党的行动。1933年7月17日，该部队被命名为韦克州警察特殊任务大队（Landespolizei Gruppe Wecke z.b.V），这也是德国建立的第一支此类部队。1933年12月，部队更名为戈林将军州警察大队（Landespolizei Gruppe General Göring），指挥官为戈林的副官弗里德里希·雅各比（Friedrich Jakoby）。

1939年12月22日，授予该大队成员的袖标被设立。袖标采用深绿色底板布，文字“L.P.G General Göring”采用哥特体。士兵和士官版袖标采用银灰色丝线手工刺绣，上下各有一条3毫米宽的“俄罗斯丝带”镶边。军官版袖标采用铝线手工刺绣，同样也有“俄罗斯丝带”镶边（铝线刺绣）。后来军官版袖标也可以由士官和士兵佩戴。

1936年3月23日的空军条令通知348号下令设立新袖标。袖标采用深蓝色底板布，文字“General Göring”采用哥特体。士兵和士官版袖标采用银灰色或暗灰色的丝线机器刺绣。士官版袖标上下各有一条3毫米宽的“俄罗斯丝带”镶边。军官版袖标采用铝线手工刺绣，同样也有“俄罗斯丝带”镶边（铝线刺绣）。

在所有空军袖标中，文字为“General Göring”和“Hermann Göring”的版本最多。

吕措战斗机联队袖标

文字为“Geschwader Lützow”的吕措战斗机联队袖标虽然存在，但是却没有发现相关的设立条令。在第三帝国时期的一部宣传电影中，一个虚构的战斗机联队使用该袖标。可以肯定的是当时官方许可制造商为了这部电影生产了袖标，但是这并不是真正的空军袖标。

▼ “L.P.G General Göring”袖标。供图/Hermann Historica

◄ 电影《吕措联队》的海报

▲ 士兵版"General Göring"袖标。供图/**Hermann Historica**

◄ 军官版"General Göring"袖标。供图/**Hermann Historica**

▼ 佩戴"General Göring"袖标的一名戈林团士官

◄ 一件佩有"General Göring"袖标的戈林团士官常服

1942年7月，戈林将军团扩编为旅，袖标上文字也从“General Göring”换成了“Hermann Göring”。1942年10月15日，戈林将军旅扩编为师。1942年5月22日，空军条令通知第42/1381号下令设立新版本袖标，袖标上文字变为了“Hermann Göring”。用新版本袖、标取代旧版本截止时间为1942年8月。

新版“Hermann Göring”袖标文字最初采用哥特体，随后不久就被大写印刷体取代。大写印刷体版使用到战争结束。士兵和士官版袖标采用银灰色纱线机器刺绣。士官版袖标上下各有一条3毫米宽的“俄罗斯丝带”镶边。军官版袖标采用铝线手工刺绣，同样也有“俄罗斯丝带”镶边（铝线刺绣）。

▲ 1945年时的“赫尔曼·戈林”师士兵

▼ 士兵版“Hermann Göring”袖标。供图/Hermann Historica

◀ 士官和军官版“Hermann Göring”袖标。供图/Hermann Historica

▲ 一件配有“Hermann Göring”袖标的空军中尉常服。供图/Hermann Historica

伞兵部队袖标

1938年4月1日，以戈林将军团第4营为班底组建了第1伞兵团第1营。1939年1月1日，陆军伞兵营被改编为该团第2营。第1伞兵团是第7空降师的主力部队。

1939年8月19日，第1伞兵团袖标被设立，袖标上文字为“Fallschirmjäger-Rgt. 1”。袖标采用亮绿色底板布，也是大家熟知的猎兵绿（jägergrün）。绿色不仅是伞兵的传统颜色，同样也是戈林将军团警察的兵种色。士兵和士官版袖标用银灰色纱线机器刺绣。士官版袖标上下各有一条3毫米宽的“俄罗斯丝带”镶边。高质量的士兵和士官版袖标采用暗灰色纱线手工刺绣。军官版袖标采用铝线手工刺绣，同样也有“俄罗斯丝带”镶边（铝线刺绣）。

同样，第2伞兵团袖标也在随后被设立，袖标上的文字为“Fallschirmjäger-Rgt. 2”。第3伞兵团并没有设立对应的袖标。从目前存在的袖标来看，第3伞兵团袖标都是私人定制或采用第1、2伞兵团袖标改的。

在1939年9月战争爆发后，伞兵部队袖标禁止佩戴。但是从现在发现的照片来看，伞兵们显然没有遵守这一规定。

第7伞兵师其他成员不佩戴伞兵团袖标，而是佩戴文字为“Fallschirm-Division”袖标。与伞兵团袖标不同的是伞兵师袖标没有“俄罗斯丝带”镶边，也没有版本变化。但也有伞兵师袖标带“俄罗斯丝带”镶边，这可能是厂家的错误样品，也可能是佩戴者模仿伞兵团袖标自行添加的。

▲ 士兵版“Fallschirmjäger-Rgt. 1”袖标。供图/Hermann Historica

► 一件配有“Fallschirm-Division”袖标的空军军士长常服。供图/Hermann Historica

▲ 军官版“Fallschirmjäger-Rgt. 1”袖标。供图/Hermann Historica

▲ “Fallschirmjäger-Rgt. 2” 袖标。供图/Hermann Historica

▲ “Fallschirmjäger-Rgt. 3” 袖标。供图/Hermann Historica

▲ “Fallschirm-Division” 袖标。供图/Hermann Historica

Technische Nothilfe

▲ 技术紧急救援部队袖标图样

其他袖标

技术紧急救援部队袖标

技术紧急救援部队成员主要在后方为野战部队提供服务，负责维护和检修重要设施和设备。在空军基地的技术紧急救援部队成员身着带有本部队国籍标志的空军飞行上衣和佩戴技术紧急救援部队袖标。袖标宽3.2厘米，采用黑色底板布，文字“Technische Nothilfe”为哥特体，采用浅灰色纱线机器缝制。袖标上下各有一条3毫米宽的“俄罗斯丝带”镶边，同样采用浅灰色纱线机器缝制。

统帅堂袖标

1937年1月12日，戈林担任冲锋队统帅堂旗队荣誉领袖。戈林将该旗队按空军标准进行装备和训练。该旗队在1938年10月吞并苏台德区时作为空降团参与了行动。战争爆发后，该旗队成员大部分人员转入第2伞兵团继续服役。

在作为军事部队服役到战争爆发期间，冲锋队统帅堂旗队身着空军制服。制服左下袖佩戴统帅堂袖标。

▼ 佩戴“Technische Nothilfe”袖标的空军紧急救援部队，请注意他们头戴带有空军鹰徽的头盔

勋鉴英伦

英国嘉德勋章、蓟花勋章和圣帕特里克勋章

Order of the Garter, Order of the Thistle and Order of St.Patrick

作者：李纯*

*李纯，金融业工作者，对英国勋章和纹章体系有浓厚的研究兴趣。

作为功勋荣誉制度的发源地之一，英国有着久远的骑士勋章制度。直到今日，他们都保留了非常完备的骑士勋章体系，并且影响了许多国家。英国大多数骑士勋章只有英国国君才有资格授予，且适用于整个联合王国，但是有三种勋章分别只适用于一个地区并作为其最高荣誉。它们分别是适用于英格兰地区的嘉德勋章、适用于苏格兰地区的蓟花勋章和适用于爱尔兰地区的圣帕特里克勋章。

嘉德勋章

嘉德勋章是这三个勋章中地位最高和最古老的一款。其全名是“最高贵的嘉德勋章（The Most Noble Order of the Garter）”。从这个勋章的译名，我们可以深深地感觉到中文的美妙。Garter，英文直译是吊袜带的意思，这个勋章的来源也确实和吊袜带有关。但是，吊袜带勋章和嘉德勋章，这两个名字放在一起，顿时有了平民变贵族的感觉。

嘉德勋章相传由爱德华三世（Edward Ⅲ）于1348年建立，只有极少数人能够获得，除国王外，人数固定为在世的24人以及少数特殊成员（包括王室成员和外国君主）。除非犯罪被剥夺，勋章一经颁发终身享有。成员去世或退出后，才能重新补选。一开始，这种勋章不授予女性（女王除外）。但在上世纪初，爱德华七世（Edward Ⅶ）打破了这一成见，之后男女都可获得。原英国首相撒切尔夫人就是这一勋章的获得者。

▲ 设立嘉德骑士团及嘉德勋章的爱德华三世

▲ 嘉德骑士团纹章

▲ 佩戴有三大勋章的英王爱德华七世

▲ 16世纪中期嘉德骑士团成员的个人旗帜

▼ 嘉德骑士团的铜质印章

◄ 苏格兰林利斯戈宫正门上方的嘉德勋章链章形象。苏格兰国王詹姆斯五世曾获得过嘉德勋章

嘉德勋章最主要的标志是一根印有“Honi soit qui mal ypense（拉丁文，意为“心生邪念者可耻”，英文：Shame on him who thinks evil of it）”金字的吊袜带。它的来源有两种说法，一种说法是在一个舞会上，索尔兹伯里伯爵夫人因吊袜带不慎掉落而受到众人的嘲笑，爱德华三世因此非常生气，他走了过去，将蓝色吊袜带从地上拾起并系在了自己的膝盖上。随后，他以责备的口吻说出了那句流传千古的名言：“Honi soit qui mal y pense.（心生邪念者可耻。）”

▼ 带有嘉德骑士团格言“Honi soit qui mal y pense”的一把维多利亚女王的手工折扇

▲ 索尔兹伯里伯爵夫人玛格丽特·波尔画像，据说是她让吊袜带的等级疯狂飙升，从此变成最高贵的勋章标志

▲ 佩戴嘉德勋章的乔治一世画像

▲ 佩戴嘉德勋章的查理一世画像

此后这句话成为国王建立的嘉德骑士团和颁发勋位的格言，它同蓝色袜带和圣乔治十字架图形一起出现在勋章上，激励武士们在战争（当时主要是英法百年战争）中蔑视死亡、奋勇厮杀。爱德华三世本人也是嘉德骑士团的成员。他与宠爱的武士围绕圆桌议事，共同进餐，多次主持武士们的比武演技，使已经衰落的骑士精神有所振作。

另一种说法是十二世纪时，理查一世参加十字军东征时以圣乔治为榜样给他的骑士系吊袜带而获胜，后来14世纪的爱德华三世在设立这枚勋章时想起了这个典故，深受感动，便采用了这个图案作纪念。

▲ 佩戴嘉德勋章的乔治六世画像

▼ 佩戴嘉德勋章的维多利亚女王王夫阿尔伯特亲王画像

► 佩戴嘉德勋章的玛丽王后

关于吊袜带

吊袜带是什么样子呢？请不要用现代的思维以为是现今女士们所用的性感吊袜带。吊袜带这东西一开始其实是男用的。在17~18世纪的欧洲，当时贵族男性衣饰华美，装扮十分考究。他们在长筒袜的袜口用蕾丝装饰，并在膝盖的外侧饰以蝴蝶结，吊袜带的搭配精致而豪华。直到19世纪长裤流行以后，才完全被取代成为历史。

在正式场合下嘉德骑士一定要佩戴这个吊袜带，男士将吊袜带戴在左小腿上，女士戴在左臂上。吊袜带作为嘉德勋章的标志无处不在，在嘉德骑士的很多勋饰如标章等上都印有它的图案。英国皇家徽章里也有它，抛开名字和想象，在这些勋饰和徽章里它看起来更像是一根蓝色的印了金字的丝带。

▲ 英国王室纹章，最显著的就是吊袜带

▲ 吊袜带深入英国历史文化，尤其是军事传统。图为皇家瓦里克团军官盔徽，吊袜带形象清晰可见。其他很多部队的徽标都有吊袜带形象。供图/eMedals

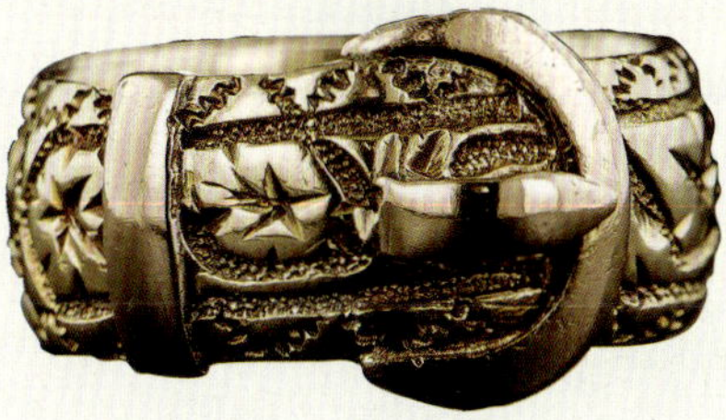

◄ 1902年打造的一枚带有吊袜带形象的金戒指

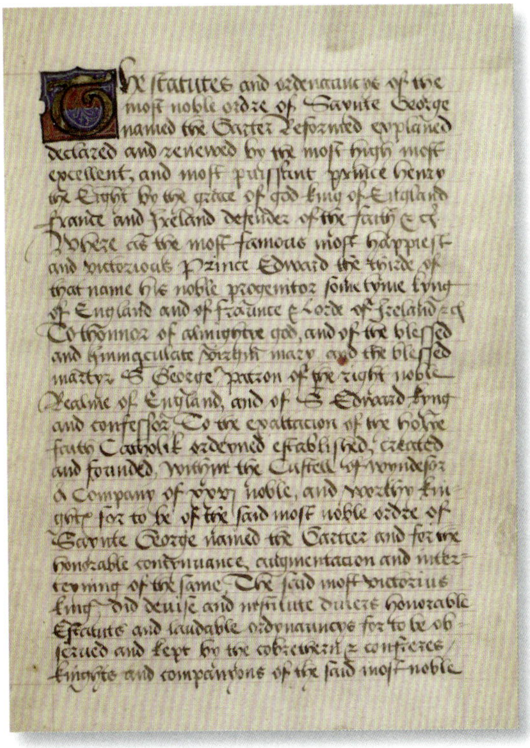

The statutes and ordinaunces of the most noble ordre of Saynte George named the Garter reformed explaned declared and renewed by the most high most excellent, and most puissant prince Henry the Eight by the grace of god king of England France and Ireland defender of the faith &c. Where as the most famous most happiest and victorious Prince Edward the third of that name his noble progenitor sometyme kyng of England and of Fraunce & Lorde of Ireland &c To the honor of almightie god, and of the blessed and immaculate virgin mary, and the blessed martyr S George patron of the right noble Realme of England, and of S Edward kyng and confessor. To the exaltacion of the holie faith Catholik ordeyned establisshed, created and founded, within the Castell of Wyndesor a Company of xxvj noble, and worthy knightes for to be of the said most noble ordre of Saynte George named the Garter and for the honorable contynuance, augmentacion and interteyning of the same. The said most victorious king did devise and institute dyvers honorable Estatutes and laudable ordynaunces for to be observed and kept by the brethern & confreres knyghtes and companyons of the said most noble

▲ 1560年出版的书籍上有关嘉德骑士团的规则

在佩戴嘉德勋章的时候，嘉德骑士必须同时佩戴以下服饰：

1. 必不可少的吊袜带。

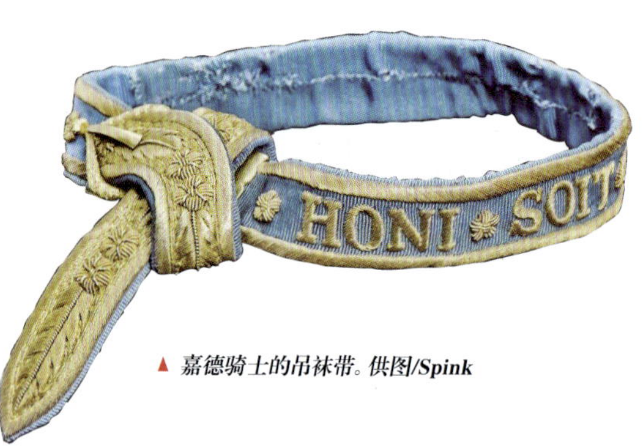

▲ 嘉德骑士的吊袜带。供图/Spink

► 另一条制作更为精良的嘉德骑士吊袜带。供图/Sotheby's

2. 链章。链章系在披风外，是15世纪和16世纪设立的，以纯金打造，重0.933千克。它由金花结与珐琅的圆章交替组成。圆章内的图案是由吊袜带环绕的玫瑰。亨利七世（Henry Ⅶ）前每个吊袜带环绕两朵玫瑰，一朵红色的，一朵白色的，亨利七世改变了这个设计，现在吊袜带只环绕一朵红色的玫瑰。链章还有一枚制作非常精美、镶嵌有钻石的挂章，为圣乔治屠龙的形象。

▲ 英王亨利七世

► 嘉德勋章链章上的挂章。供图/Stack's Bowers

▼ 奥匈帝国皇帝弗朗茨·约瑟夫一世的吊袜带

◀ 查理二世的嘉德勋章挂章。供图/Royal Collection Trust

3. 标章。标章是一个金牌，上面刻有圣乔治骑马屠龙的图案。15世纪时这个标章挂在脖子上，但是这对骑马不方便，因此后来改为挂在绶带右肋部位。

▲ 1850年左右的一枚嘉德勋章标章

▲ 1840年左右私人定制的一枚嘉德勋章标章。供图/Morton & Eden

► 属于第一世肯特公爵亨利·格雷的嘉德勋章标章。供图/DNW

◄ 属于第一世克莱维侯爵罗伯特·克莱维-米尔勒斯的嘉德勋章标章。供图/Sotheby's

▲ 难得一见的丘吉尔佩戴嘉德勋章的照片。供图/Getty Images

◄ 查理一世的嘉德勋章绶带

4. 星章。它是17世纪查理一世（Charles I）引入的，可以佩戴在左胸。它是一块珐琅质地由吊袜带围绕的圣乔治十字勋章，由八角形的银星环绕，每个角上射出数条射线，上下左右的角上的射线比对角上的射线长。过去外国君主的佩星上还嵌有数颗珠宝。由于嘉德勋章是英国最高的勋章，因此它必须戴在其他勋章之上。

▲▼ 1800年左右的一枚嘉德勋章星章，珍贵的是还带有保存盒。供图/DNW

▲ 1810年左右的一枚嘉德勋章星章。供图/British Medals

◄ ▼ *1850年左右的一枚嘉德勋章星章，背面有制造厂商标记。供图/eMedals*

◄ ▼ *皇室珠宝商Rundell Bridge & Rundell生产的一枚嘉德勋章星章，背面有制造厂商标记。供图/DNW*

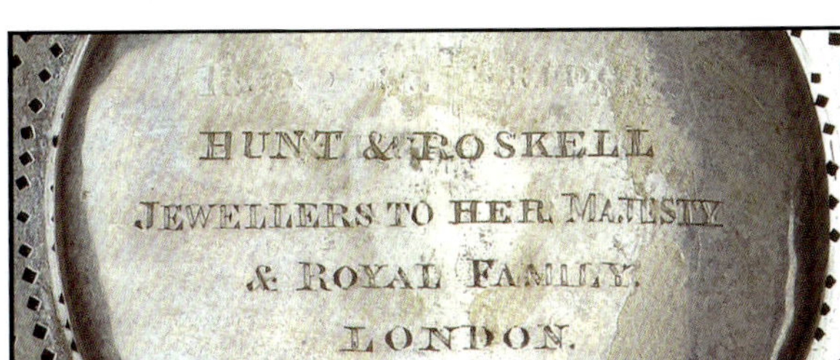

▲ ► *皇室珠宝商Hunt & Roskell生产的一枚嘉德勋章星章，背面有制造厂商标记。供图/DNW*

▼ 20世纪上半叶的一枚嘉德勋章星章。供图/Stack's Bowers

► 荣誉军团勋章博物馆保存的一枚钻石版嘉德勋章星章。供图/Musée national de la Légion d'Honneur

► 托马斯·布厄爵士的个人纹章

获得勋位者去世以后，嘉德之星和勋章由其最近的男亲属归还给君主，其他物品归还给爵位中心管理处。

嘉德勋章获得者可以拥有自己的纹章，纹章上面基本上都有嘉德勋章的图样。实际上，纹章作为个人及家族的标志，始于12世纪的英王理查一世。理查有个绰号叫“狮心王”，他是用狮子和金雀花枝作为自己的标志，后世便称他的王朝为“金雀花王朝”，在他以后随之而来的是纹章的风行，并且纹章的应用逐渐形成了一定的格局。后来，英国成立了专门研究纹章和办理纹章事务的机构，这就是“皇家纹章院”。

▼ 布特勒·布鲁克威尔男爵的个人纹章

▼ 英国前首相撒切尔夫人的个人纹章

▼ 佩戴嘉德勋章的埃迪森子爵

▼ 佩戴嘉德勋章的阿尔伯特·维克托王子，他是乔治五世的哥哥

佩戴嘉德勋章的第十一世科班男爵亨利·布鲁克画像

佩戴嘉德勋章的诺福克公爵托马斯·霍华德画像

关于嘉德骑士勋爵的着装，有很多规矩，在正式仪式上要穿专门的衣饰和持专门的物件，包括披风、帽子、领环、佩星、肩带和标章等。我们可以从皇室成员的着装上了解一二。

此外，获得者有时会身着披风。这种披风从15世纪起即出现了。现在的材料一般是天鹅绒，颜色是深蓝，镶着白色塔夫绸边。君主、王储和皇家成员的披风都有拖摆。除国君外披风左肩上缝有由吊

身着嘉德勋章服饰的女王、菲利普亲王和威廉王子

▲ 身着嘉德勋章服饰的女王

▲ 英国中世纪出版物上有关嘉德骑士的形象

袜带环绕的圣乔治十字纹章，国君的披风上缝的是骑士团星章。披风右肩处连接有暗红色天鹅绒兜帽和罩袍，但随着时间推移头罩和外套都失去了其功能，今天它们看上去就像一块红布。获得者佩戴的勋帽是黑色天鹅绒制的，上配白色鸵鸟和黑色苍鹭的羽毛。

除女王外，迄今为止历代嘉德勋章的正式成员约有1009位，目前在世的有23位，另有多位皇室成员和外国君主也被授予了嘉德勋章。英国皇室成员包括伊丽莎白女王、菲利普亲王、查尔斯王子、安妮公主和威廉王子均是嘉德勋章获得者。其中威廉王子于2008年6月被授勋，成为这一勋章创立600多年来第1000名“嘉德骑士”勋爵。外国君主包括卢森堡大公、丹麦女王、瑞典国王、西班牙国王、荷兰女王、挪威国王和日本天皇。日本昭和天皇是两次获得嘉德勋章的外国君主，他因为第二次世界大战中日本参战而被剥夺了嘉德勋章，但是战后伊丽莎白二世再次为其颁发了嘉德勋章。

▲ 获得嘉德勋章的外国君主也有自己专用的带有嘉德标志的纹章。

◀ 身着全套嘉德勋章服饰的大正天皇

▲ 一幅反映授予挪威国王哈康七世嘉德勋章场面的油画

▲ 反映康诺特和斯特拉森公爵阿瑟亲王向明治天皇赠送嘉德勋章的插画

◄ 沙皇尼古拉二世与英王乔治五世，他们佩戴的嘉德勋章非常明显

每年4月23日圣乔治节会宣布新的勋位获得者名单，6月阿斯科特赛马周末那一周的星期一即嘉德日。如果有新的勋位获得者，女王会在温莎堡的君主室授予他们象征物，然后女王和亲王邀请他们午餐。午宴后，所有的勋位获得者出发去圣乔治小教堂参加仪式。这一旅程，就是巡游过程。到达教堂后会举行简短仪式。每年1月到3月可以写信给温莎地区的警长，购票去看巡游。

作为嘉德勋章授勋教堂，圣乔治教堂（St. George's Chapel）也是王室的礼拜堂，位于英国伦敦温莎城堡，是一幢典型的哥特式建筑，以细致艳丽的彩绘玻璃著称，有10位英国王室成员埋葬于此。每一位嘉德骑士在教堂内都有固定的席位，分列在两边唱经台上方席位后面的墙壁上，最上面悬挂着亮丽的骑士家族锦旗，中间是现存每位骑士的盔甲、佩剑和旗帜，下方则是已经离世的嘉德骑士铭牌和标志，透着浓重的历史沉淀感，也是研究嘉德骑士和嘉德勋章的重要文物之一。此外，在温莎城堡还有一处嘉德骑士大厅，里面展示历代嘉德骑士的各种纹章，透着华丽和高贵。

◄ 佩戴嘉德勋章星章的沙皇尼古拉二世礼服

► 嘉德日里前往圣乔治教堂的嘉德骑士

▲ 位于温莎城堡内的圣乔治教堂。摄影/唐思

▲ 宏伟的圣乔治教堂内厅，每位嘉德骑士的个人锦旗分列两侧墙壁

◄ 1805年进入圣乔治教堂的门票

► 嘉德骑士后代联谊会徽章

▲ 皇家苏塞克斯团的皮带扣，中央是嘉德勋章图案。供图/DNW

蓟花勋章

蓟花勋章的全名是“最古老与最高贵的蓟花勋章（The Most Ancient and Most Noble Order of the Thistle）”。看这名字，这是要和嘉德勋章比资深比高贵吗？

蓟花勋章是授予苏格兰骑士的一种勋章，现在的版本是英国国王詹姆斯二世在1687年时制定的。其起源有多种说法，例如圣安德鲁显灵说，传说圣安德鲁十字（关于圣安德鲁及圣安德鲁十字，请参阅号角Ⅵ沙俄圣安德烈勋章一文）在一场战争中出现鼓舞了苏格兰士气，由此设立勋章以作奉献；又如同盟说，是为了纪念苏格兰和查里曼帝国的同盟；还有独立战争胜利说，源于苏格兰第一次独立战争中的决定性战役——班诺克本之战（Battle of Bannockburn），在此战中苏格兰重创英格兰，稳固了王国的地位等。

▲ 1987年蓟花勋章设立300周年英国发行的纪念邮票

◀ 反映班诺克本战役的油画

▼ 蓟花勋章挂章和星章

蓟花勋章的获得者极为稀少，在一般情况下，除英国国君以外，在世的受勋者只有16人。但英国国君有权再额外授予其他人蓟花勋章，如英国王室成员与外国国君等。这些额外授予勋章的人士被称为“超额骑士”。历史上的第一位超额骑士是维多利亚女王（Queen Victoria）的王夫阿尔伯特亲王（Prince Albert）。除了女王以外，目前蓟花勋章的正式成员有16位（已满额），超额骑士有4位（包括菲利普亲王、查尔斯王子、威廉王子和安妮公主）。

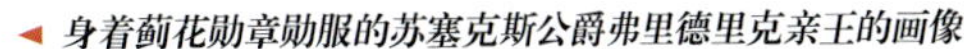

◀ 身着蓟花勋章勋服的苏塞克斯公爵弗里德里克亲王的画像

▲ 同时佩戴嘉德勋章和蓟花勋章的亨利王子与新婚王妃

最初，这种勋章同样不授予女性（女王除外），但经1937年乔治六世（George Ⅵ）和1987年伊丽莎白二世（Elizabeth Ⅱ）发布特别法令后，已经打破了这一限制。第一位获得蓟花勋章的女士是乔治六世的王后伊丽莎白·鲍斯-莱昂（Elizabeth Angela Marguerite Bowes-Lyon）。这位伊丽莎白王后是一位传奇女性，她是最后一位爱尔兰王后以及印度皇后，享年101岁。她的长寿基因显然遗传给了她的女儿——史上最长在位的现任英国女王伊丽莎白二世。她的丈夫乔治六世是历史上那位著名的不爱江山爱美人的爱德华八世之弟，因为哥哥的退位而意外地取得王位。这位王后最为人所周知的是她在第二次世界大战中所扮演的正义角色，希特勒甚至形容她是“欧洲最危险的女人”。她是历史上第一位女性蓟花骑士，同时也是一位女性嘉德骑士。

▲ 苏格兰林利斯戈宫正门上方的蓟花勋章链章形象

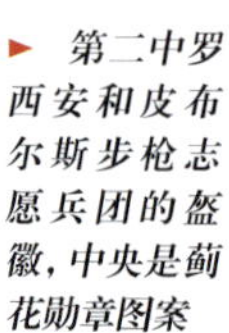

► 第二中罗西安和皮布尔斯步枪志愿兵团的盔徽，中央是蓟花勋章图案

蓟花勋章最重要的标志就是苏格兰的国花蓟花。勋章的格言是：“犯我者必受惩。（拉丁文：Nemo me impune lacessit.）”蓟花勋章的主保圣人是耶稣十二门徒之一的圣安德烈。

◄ 苏格兰王室纹章，上面有蓟花勋章的图案

▼ 爱丁堡城堡大门上的蓟花勋章格言。摄影/唐思

蓟花骑士专门的配饰主要包含以下部分：

1. 披风。通常是墨绿色的，内衬白色的塔夫绸，并缀有绿色与金色的流苏。

2. 星章。蓟花勋章之星通常是放在左胸位置，它由八角形的银星环绕，每个角上射出数条射线，中央则以金底描绘蓟花的图像。

▼► 18世纪中晚期的一枚蓟花勋章星章。供图/DNW

► 蓟花勋章的全套勋服，现藏于苏格兰荷里路德宫

► 1800年左右的一枚蓟花勋章星章。供图/DNW

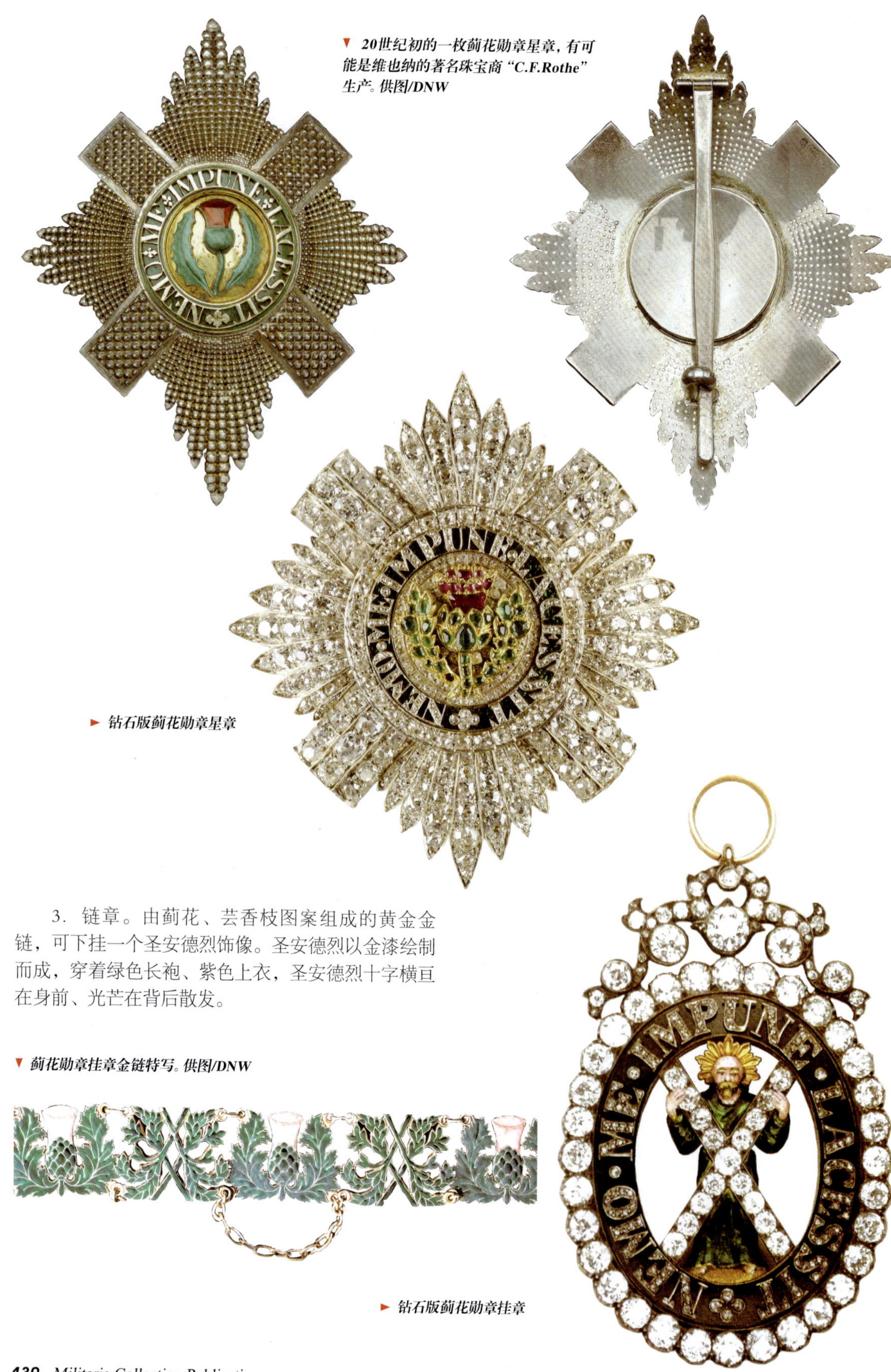

▼ 20世纪初的一枚蓟花勋章星章，有可能是维也纳的著名珠宝商“C.F.Rothe”生产。供图/DNW

► 钻石版蓟花勋章星章

3. 链章。由蓟花、芸香枝图案组成的黄金金链，可下挂一个圣安德烈饰像。圣安德烈以金漆绘制而成，穿着绿色长袍、紫色上衣，圣安德烈十字横亘在身前、光芒在背后散发。

▼ 蓟花勋章挂章金链特写。供图/DNW

► 钻石版蓟花勋章挂章

► *蓟花勋章链章图样*

► 维多利亚时期的一枚蓟花勋章链章。供图/Royal Collection Trust

▲ 18世纪晚期的一枚蓟花勋章挂章。供图/DNW

4. 勋帽。由黑色天鹅绒制成并饰有白鹭或鹫的白羽。

5. 在非正式场合受勋者可在左肩至右髋部穿戴一条深绿色的宽丝带。丝带的右髋部位配有一个和正式服装衣领上相同的圣安德烈像，并环绕有勋章的格言。

受勋者死后需由其最近的男性亲属将勋章与佩星亲自交还给英国国君，其他象征物则需交还给骑士团。

蓟花勋章的受勋者可以在他们的名字后面加上“KT”（爵士）或“LT”（夫人）后缀。此外，蓟花勋章的受勋者还可以在他们的纹章上加上护盾兽，纹章外则以一圈绿底的勋章格言与领环环绕，而圆环的位置必需放在领环之外或之上。

每年六至七月，英国国君会居住在苏格兰爱丁堡圣吉尔斯大教堂约一周的时间，并在那里举行授予蓟花勋章的仪式。在这个教堂内部设有专门的蓟花勋章礼拜堂（Thistle Chapel），每个蓟花勋章受勋者在此都有一个专属位置，安放了受勋者的纹章顶饰，以及他们的头盔、披风等。如果受勋者有贵族爵位，在头盔下还会放有表示其身份的冠冕。

▲ 蓟花勋章获得者加斯·莫理循爵士展示其获得的蓟花勋章

▲ 身着蓟花勋章全套装束的女王一家

▲ 2006年7月7日，女王在爱丁堡与新晋的蓟花骑士合影留念。供图/Getty Images

► 圣吉尔斯大教堂内蓟花勋章礼拜堂的蓟花骑士锦旗

▲ 蓟花勋章礼拜堂内部

◄ 一款蓟花勋章式样的钟表

► 圣帕特里克勋章图样

受勋者的头盔、剑、顶饰与披风等在受勋者死后就会被撤下，但那块记录受勋者的铭牌不会被撤下。至今教学里仍可看到五颜六色的自1911年以来历任受勋者的铭牌，在教堂的入口处则刻有一块标出所有受勋者的铭牌。

圣帕特里克勋章

圣帕特里克勋章的全名是“最杰出的圣帕特里克勋章（The Most Illustrious Order of St Patrick）”，适用于爱尔兰地区，也是三大勋章里唯一已被废除的勋章。

它于1783年设立，最多只能授予在世的22人。因为各种政治原因，以及爱尔兰和英格兰之间分分合合的爱恨情仇，勋章因之而设，又因之而废。

1783年至1936年期间，圣帕特里克勋章的正式成员和超额骑士共计约145人。自从爱尔兰独立战争开始后就不再有骑士获得正式的授勋。1922年后，它的成员只有3名皇室成员，包括当时的威尔士亲王（Princeof Wales，未来的国王爱德华八世和后来的温莎公爵），以及他的两个弟弟格洛斯特公爵亨利王子（Prince Henry, Duke of Gloucester）和约克公爵阿尔伯特王子（Prince Albert, Duke of York，后来的国王乔治六世）。当这三位皇室成员中的最后一位亨利王子于1974年逝世后，这个勋章的成员就只有孤零零的一个女王（英国国君被默认为是圣帕特里克骑士团团长）。

圣帕特里克勋章的成员只有男性，除女王以外的女性从未获得授勋资格。其受勋者可以在他们的名字后面加上“KP”称号。

圣帕特里克勋章的格言是：“谁能拆散我们?（拉丁文：Quis separabit? 英文：Who will separate [us]? 另有一说是：Who shall separate us from the love of Christ? ）”这句话也是爱尔兰卫队（Irish Guards）的格言。这支部队建于1900年，在英军陆军中排行第四，威廉王子是卫队的荣誉上校。

▲ 绣有圣帕特里克勋章图案的一件丝织品

▼ 爱尔兰卫队的队徽，就是圣帕特里克勋章星章图案

► 身着圣帕特里克勋章勋服的汉诺威王国国王恩斯特·奥古斯特一世画像

▲ 佩戴圣帕特里克勋章的爱尔兰总督韦斯利侯爵画像

▲ 佩戴圣帕特里克勋章的第一世伊维亚伯爵爱德华·盖尼斯画像

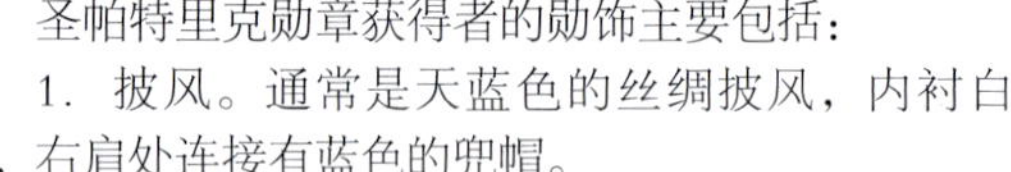

圣帕特里克勋章获得者的勋饰主要包括：

1. 披风。通常是天蓝色的丝绸披风，内衬白色，右肩处连接有蓝色的兜帽。

2. 星章。星章通常佩戴在左胸位置，它由八角形的银星环绕，每个角上放射出数条射线，中央是骑士团格言、圣帕特里克十字架和王冠。

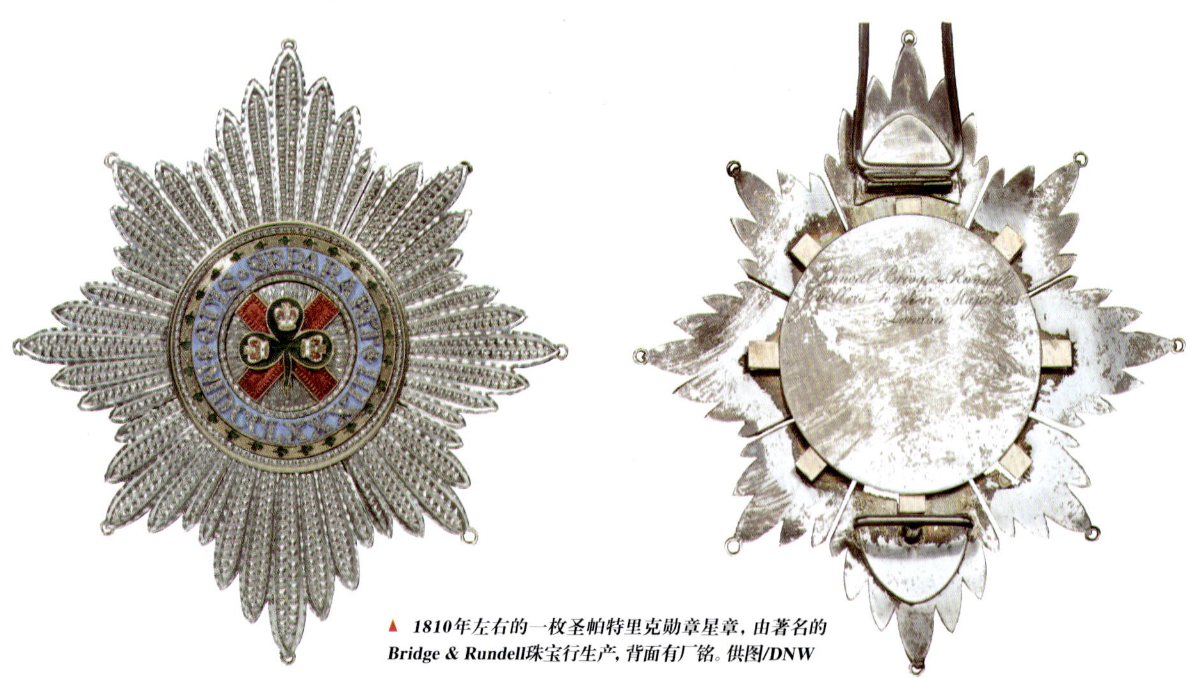

▲ 1810年左右的一枚圣帕特里克勋章星章，由著名的Bridge & Rundell珠宝行生产，背面有厂铭。供图/DNW

▲ 由C. F. HANCOCK珠宝行生产的一枚圣帕特里克勋章星章，背面有厂铭。供图/DNW

3. 链章。由红白相间的都铎王朝玫瑰、竖琴、王冠组成的黄金金链，下挂一个圣帕特里克十字架和三叶草组成的徽像。

► 一枚圣帕特里克勋章挂章

▼ 一枚1880年左右的圣帕特里克勋章挂章。供图/DNW

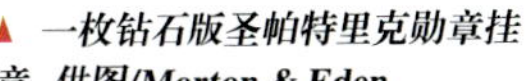

▲ 一枚钻石版圣帕特里克勋章挂章。供图/Morton & Eden

▲ 一枚1850年左右的圣帕特里克勋章挂章。供图/DNW

4. 勋帽。由黑色天鹅绒制成，并饰有红色、白色和蓝色三色羽毛。

5. 绶带。受勋者可在右肩至左臀部佩戴一条蓝色的绶带，配有一个金质徽章，上缀三叶草、王冠、圣帕特里克十字架，并环绕有勋章的格言。

圣帕特里克大教堂（St. Patrick's Cathedral）曾经是圣帕特里克勋章的授勋教堂，位于都柏林市区利菲河南岸西侧。据说，圣帕特里克就在这里的一口古井受洗，而彻底地转变皈依于基督教。这间大教堂在爱尔兰的地位相当于西敏寺（Westminster Abbey）之于英格兰。至今这里仍然保存着一部分圣帕特里克骑士的授勋铭牌。但由于曾经被毁坏，目前的骑士顶饰和铭牌等都是后来翻新修复的，而且不全。

◄ 放置在保存盒里面的一枚圣帕特里克勋章挂章。供图/DNW

▲▼ 19世纪末的一套圣帕特里克勋章。供图/Sotheby's

▲ 位于都柏林的圣帕特里克大教堂

◀ 圣帕特里克大教堂内部

▲ 圣帕特里克大教堂内的圣帕特里克骑士授勋铭牌

有意思的是，英国女王伊丽莎白二世是这三大勋章骑士团的团长，所以她的全称长得吓人，其实称号里面的很多勋章早已废除。女王的完整称号是：

伊丽莎白二世陛下，蒙上帝恩典，大不列颠及北爱尔兰联合王国领地及海外领土的女王，信仰的守卫者，爱丁堡公爵夫人，梅里奥尼思伯爵夫人，格林威治男爵夫人，兰开斯特公爵，马恩岛领主，诺曼底公爵，最高贵的嘉德骑士团团长，最尊敬的巴斯骑士团团长，最古老和最高贵的蓟花骑士团团长，最杰出的圣帕特里克骑士团团长，最卓越的圣米迦勒及圣乔治骑士团团长，最优秀的大英帝国骑士团团长，优异服务勋章骑士团团长，帝国服务勋章骑士团团长，最崇高的印度之星勋章骑士团团长，最出众的印度帝国勋章骑士团团长，英属印度勋章骑士团团长，印度功绩勋章骑士团团长，缅甸勋章骑士团团长，维多利亚及阿尔伯特皇家勋章骑士团团长，爱德华七世国王皇室勋章骑士团团长，功绩勋章骑士团团长，荣誉勋章骑士团团长，皇家维多利亚勋章骑士团团长，最受尊崇的耶路撒冷圣约翰医院骑士团团长。

▲ 圣帕特里克骑士团团长纹章。供图/Sotheby's

- G -

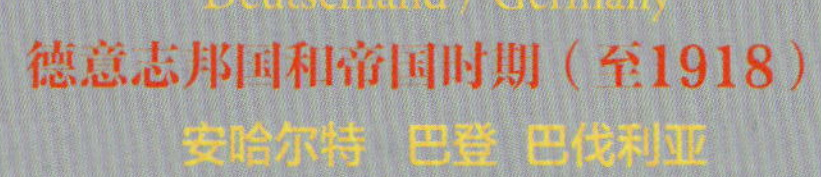

德国

Deutschland / Germany

德意志邦国和帝国时期（至1918）

安哈尔特　巴登　巴伐利亚

万国勋章汇

作者：姚华/唐思

安哈尔特公国

Herzogtum Anhalt / Duchy of Anhalt

◄ 保罗·冯·兴登堡元帅的照片，可以看到他佩戴有安哈尔特和普鲁士的若干高级勋章

德意志东北部的安哈尔特是阿斯坎尼亚家族（Askanier）的发源地，家族由“黑熊”阿尔布雷希特一世（Albrecht der Bär）于1123年建立，其“黑熊”绰号来历不明，但这个家族很多纹章上都保留有黑熊的形象。其后阿尔布雷希特一世担任北境边疆伯爵（Markgraf der Nordmark，边疆伯爵也译作“藩侯”，源于法兰克王国时期边境地区的最高军政长官），1157年改称为勃兰登堡边疆伯爵（Markgraf von Brandenburg），他在1138年至1142年间还兼任萨克森公爵一职（Herzog von Sachsen），将家族统治范围从安哈尔特扩展至勃兰登堡和萨克森。阿尔布雷希特一世死后，家族分裂为安哈尔特、勃兰登堡和萨克森三个支系，其中安哈尔特支系继承了安哈尔特地区的统治权，但13世纪起这个支系再次陷入分裂，到了17世纪初，形成了安哈尔特–贝恩堡（Anhalt–Bernburg）、安哈尔特–德绍（Anhalt–Dessau）、安哈尔特–科滕（Anhalt–Kothe）和安哈尔特–策尔布斯特（Anhalt–Zerbst）四个公国，1796年随着安哈尔特–策尔布斯特并入安哈尔特–德绍，该支系形成三家分立的局面。

► “黑熊”阿尔布雷希特的雕像

1836年11月18日，安哈尔特-科滕公爵海因里希（Heinrich von Anhalt-Köthen）与安哈尔特-德绍公爵利奥波德四世·弗里德里希（Leopold Ⅳ. Friedrich von Anhalt-Dessau）、安哈尔特-贝恩堡公爵亚历山大·卡尔（Alexander Carl von Anhalt-Bernburg）一道，宣布设立一种家族勋章，同宗同源的三位领主当即决定新勋章以本家族的创立人“黑熊”阿尔布雷希特一世来命名。

1847年膝下无子的安哈尔特-科滕公爵海因里希逝世，领主绝嗣的安哈尔特-科滕于1853年5月1日并入安哈尔特-德绍，两国合并后改称安哈尔特-德绍-科滕（Anhalt-Dessau-Köthen）。1863年安哈尔特-贝恩堡也出现亚历山大·卡尔公爵死后无嗣的情况，当年8月30日，安哈尔特-贝恩堡并入安哈尔特-德绍-科滕，合并后的国家改称安哈尔特公国。

“黑熊”阿尔布雷希特勋章自由十字勋章

Hausorden Albrechts des Bären / Order of Albert the Bear

设立时间：1918年3月4日

级别：大十字级、一级指挥官级、二级指挥官级、一级骑士级、二级骑士级，以及金级和银级功勋奖章

授予标准：长期忠诚地服务或建立卓越的军事与民事功绩。

简介：“黑熊”阿尔布雷希特勋章的造型非常独特，这枚椭圆形的勋章由外圈圆环与背景镂空的中心浮雕组成，其材质为铜镀金（二级骑士级为银质）。勋章正面的外圈圆环上方刻着13世纪时期安哈尔特侯国的纹章，四周是家族箴言“FUERCHTE GOTT UND BEFOLGE SEINE BEFEHLE（敬畏上帝，谨守诫命）”，中心图案是行走在城垛上的黑熊，黑熊头戴王冠颈挂项链，城垛自左向右逐渐升高。勋章背面的外圈圆环上方刻着黑白相间的阿斯坎尼亚家族纹章，四周铭文为“ALBRECHT DER BAER REG. 1123 BIS 1170（‘黑熊’阿尔布雷希特，1123~1170在位）”。

此勋章仅为大十字级和一级指挥官级配发了星芒章，区别在于前者为八角放射形，后者呈四角十字形，正面图案皆为行走在城垛上的黑熊，外圈绿色圆环上刻着家族箴言“FUERCHTE GOTT UND BEFOLGE SEINE BEFEHLE”。

勋章因材质不同而颜色有异，士兵们就给金色的一级骑士级和金级奖章取了个“蜜熊（Honigbär）”的绰号，把银色的二级骑士级和银级奖章称为“北极熊（Eisbär）”。

这枚勋章最初只有大十字级、指挥官级与骑士级三个级别，以及金级和银级两种功勋奖章。在此后的岁月中“黑熊”阿尔布雷希特勋章经历了多次修改。1839年6月，大十字级设计了华丽的项链。1848年3月18日，指挥官级被拆分为一级指挥官级和二级指挥官级，两者的区别在于有无星芒章。1854年2月8日又宣布将原骑士级更名为一级骑士级，新增银质的二级骑士级。

► 一名佩戴一级骑士级“黑熊”阿尔布雷希特勋章的安哈尔特军官。供图/Wöschler Orde

▲ 一名佩戴二级骑士级“黑熊”阿尔布雷希特勋章的安哈尔特军官。供图/Wöschler Orde

◄ 链授“黑熊”阿尔布雷希特勋章。供图/Andreas Thies

▲ 大十字级带王冠“黑熊”阿尔布雷希特勋章挂章。供图/Zeige

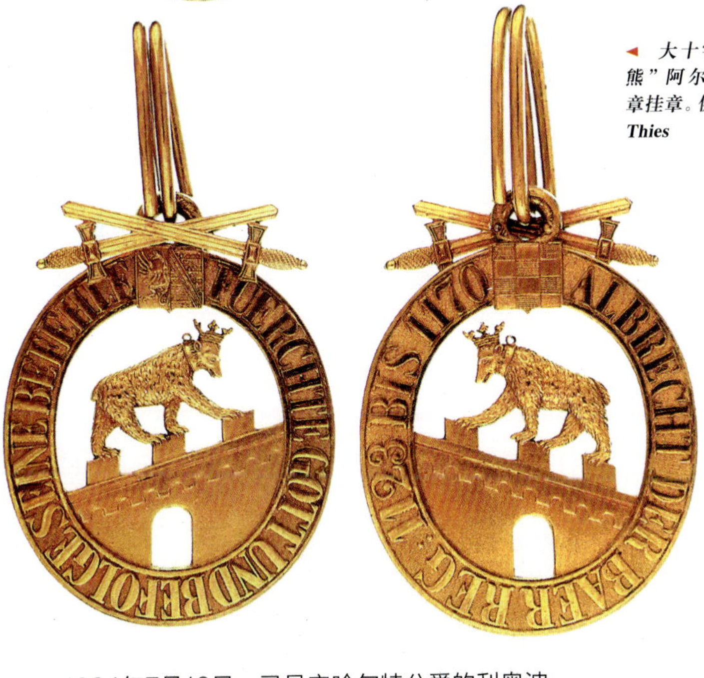

◄ 大十字级佩剑“黑熊”阿尔布雷希特勋章挂章。供图/Andreas Thies

1864年7月18日，已是安哈尔特公爵的利奥波德四世·弗里德里希下令为勋章设立佩剑版，专供因军事功勋而受勋的人士。1901年4月29日恰逢时任安哈尔特公爵弗里德里希一世（Friedrich I von Anhalt）的70大寿，为了庆祝这一喜庆的日子，遂下令所有级别的“黑熊”阿尔布雷希特勋章都可附加王冠装饰，但星芒章除外不作更改。1904年8月19日又同意该勋章项下的功勋奖章也可附加王冠饰。

► 大十字级王冠佩剑“黑熊”阿尔布雷希特勋章挂章。供图/Andreas Thies

▲ 大十字级 “黑熊” 阿尔布雷希特勋章挂章。供图/Hermann Historica

▲ 大十字级佩剑“黑熊”阿尔布雷希特勋章星章。供图/Andreas Thies

▲ 大十字级“黑熊”阿尔布雷希特勋章星章。供图/eMedals

▲ 一级指挥官级“黑熊”阿尔布雷希特勋章星章。供图/Zeige

▲ 二级指挥官级“黑熊”阿尔布雷希特勋章。供图/Bene Merenti

▲ 二级指挥官级带王冠“黑熊”阿尔布雷希特勋章。供图/Andreas Thies

▲ 二级指挥官级佩剑“黑熊”阿尔布雷希特勋章。供图/Andreas Thies

► 一级骑士级王冠佩剑“黑熊”阿尔布雷希特勋章。供图/Andreas Thie

▲ ► 一级骑士级佩剑 “黑熊”阿尔布雷希特勋章。供图/Andreas Thie

▲ ► 一级骑士级带王冠“黑熊”阿尔布雷希特勋章

▲ 二级骑士级带王冠“黑熊”阿尔布雷希特勋章。供图/Bene Merenti

◄ ▼ 二级骑士级 “黑熊”阿尔布雷希特勋章。供图/Wöschler Orden

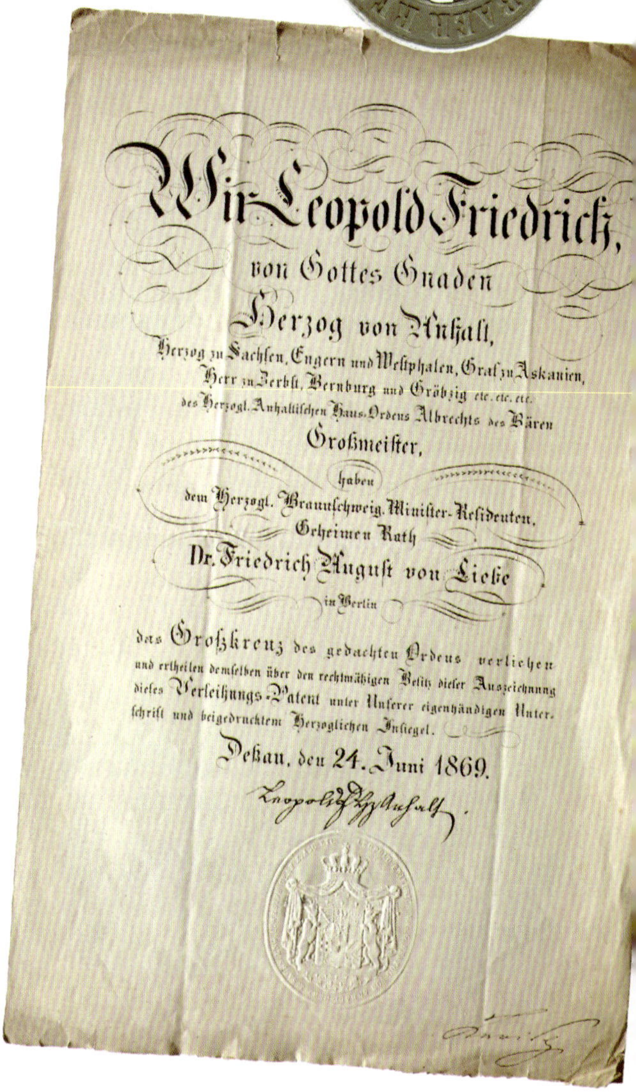

▼ “黑熊”阿尔布雷希特勋章授予证书。供图/Hermann Historica

Wir Leopold Friedrich,
von Gottes Gnaden
Herzog von Anhalt,
Herzog zu Sachsen, Engern und Westphalen, Graf zu Askanien,
Herr zu Zerbst, Bernburg und Gröbzig etc. etc. etc.
des Herzogl. Anhaltischen Haus-Ordens Albrechts des Bären
Großmeister,
haben
dem Herzogl. Braunschweig. Minister-Residenten,
Geheimen Rath
Dr. Friedrich August von Liebe
in Berlin
das Großkreuz des gedachten Ordens verliehen
und ertheilen demselben über den rechtmäßigen Besitz dieser Auszeichnung
dieses Verleihungs-Patent unter Unserer eigenhändigen Unterschrift und beigedrucktem Herzoglichen Insiegel.
Deßau, den 24. Juni 1869.

由于相关文件的缺失，“黑熊”阿尔布雷希特勋章准确的颁发数量已无从考证，以下是从各类保存至今的文件中汇集出来的数据，截止时间为1918年战争结束。

大十字级450枚、佩剑大十字级30枚、王冠大十字级15枚、佩剑王冠大十字级至少1枚、另有7枚大十字级配有特制的钻石星芒章；

一级指挥官级500枚、王冠一级指挥官级10枚、佩剑一级指挥官级20枚、王冠佩剑一级指挥官级无记录；

二级指挥官级900枚、王冠二级指挥官级20枚、佩剑二级指挥官级20枚、王冠佩剑二级指挥官级至少2枚；

一级骑士级1700枚（含1854年前的骑士级）、王冠一级骑士级60枚、佩剑一级骑士级60枚、王冠佩剑一级骑士级25枚；

二级骑士级1500枚、王冠二级骑士级60枚、佩剑二级骑士级90枚、王冠佩剑二级骑士级30枚。

而授予军士、士兵和基层公务员的金级与银级功勋奖章的颁发情况则为：

金级奖章1500枚、王冠金级140枚、佩剑金级50枚、王冠佩剑金级最多10枚；

银级奖章2300枚、王冠银级100枚、佩剑银级300枚、王冠佩剑银级至少1枚。

从统计数据中可以看到佩剑版勋章的发行量非常稀少，且多数都在一战期间颁发，这里介绍几位知名得主：

佩剑一级和二级骑士级获得者奥斯瓦尔德·波尔克（Oswald Boelcke），他在1916年10月28日阵亡前累计击落40架敌机，此前的1916年1月12日还被授予过普鲁士功勋勋章。

佩剑二级骑士级获得者提奥·欧斯特坎普（Theo Osterkamp）海军少尉，他在一战期间共击落32架敌机，并于1918年9月2日获颁普鲁士功勋勋章，在二战期间再次获得6个战果，后以空军少将身份于1940年8月22日获颁骑士铁十字勋章。

佩剑二级骑士级获得者沃纳·鲁道夫·安东（Werner Rudolph Anton），他是萨克森王国的一名步兵军官，1944年6月11日以第6防空师（6. Flak-Division）少将师长身份获颁骑士铁十字勋章，最后官至空军中将。

佩剑二级骑士级获得者汉斯·约尔丹（Hans Jordan），时任第93步兵团的一名副官，1944年4月20日以第9集团军军长的身份被授予第64号双剑饰，最后官至步兵上将。

时至今日，这枚古老的勋章仍旧被安哈尔特家族在极小范围内颁发。

▲ 1936年提奥·欧斯特坎普的照片，可以看到他佩戴有佩剑二级骑士级“黑熊”阿尔布雷希特勋章

科学艺术功勋勋章

Verdienstorden für Wissenschaft und Kunst / Order of Merit for Arts and Sciences

设立时间： 1873年7月30日

级别：（1912年前）仅有一级

（1912年后）一级、二级、三级

授予标准： 在国内外艺术与科学领域取得重大成果或做出卓越成就。

版本： 第一版，1873年~1905年

第二版，1905年~1912年

第三版，1912年~1918年

简介： 这枚勋章在1873年7月30日由安哈尔特公爵弗里德里希一世（Friedrich I von Anhalt）设立，授予在国内外艺术与科学领域取得重大成果或做出卓越成就的人士。勋章在设立之初仅有一级，1912年被细分为一级、二级和三级。

第一版勋章采用铜质镀金材质，带冠的椭圆形章体上装饰着二十四道光芒。勋章正面刻着花体字母“F（代表弗里德里希）”，底部为“Herzog von Anhalt（安哈尔特公爵）”字样。勋章背面分四行刻着“Für Wissenschaft und Kunst（因为科学与艺术）”，底部饰有月桂枝叶。

▲ 第一版科学艺术功勋勋章。供图/Bene Merenti

1905年，勋章启用新型式样，正面保留了字母“F”，但外圈的二十四道光芒被月桂枝叶所替代。勋章背面中央改成了安哈尔特纹章，“Für Wissenschaft und Kunst”环绕在它的四周。

1912年起，此勋章被分为三个级别，其中一级勋章尺寸略大于其他两个级别，它的佩戴方式非常有特色，获得者为男士时它采用领绶，授予女性获得者时则改为蝴蝶结状绶带，用来佩戴在左臂上。二级和二级勋章皆为襟绶，但三级章为银质，而非前两个级别的铜镀金材质。

◄ ▼ 第二版科学艺术功勋勋章。供图/Andreas Thies

◄ 第三版一级科学艺术功勋勋章。供图/Zeige

▼ 第三版三级科学艺术功勋勋章。供图/Zeige

▼ 原盒第三版三级科学艺术功勋勋章。供图/Zeige

巴登大公国

Großherzogtum Baden
Grand Duchy of Baden

巴登大公国的统治者源于巴登–杜拉赫边疆伯爵（Markgrafschaft Baden–Durlach），这个家族曾在杜拉赫的卡尔斯堡（Karlsburg）建有自己的城堡，但在普法尔茨王位继承战争（Pfälzischer Erbfolgekrieg，亦称“九年战争”、“大同盟战争”或“奥格斯堡同盟战争”）期间的1689年和1691年，杜拉赫两次遭到法军的掠夺与焚毁，藩侯的城堡也未能幸免，同样毁于兵灾。由于失去了住所，时任巴登–杜拉赫边疆伯爵的弗里德里希七世·马格努斯（Friedrich Ⅶ. Magnus von Baden–Durlach）原打算在旧址上重建住所，但高昂的费用遭到当地居民的反对，另外他们也不愿意把自己的农田让出来给藩侯建造宫殿，最终，修建计划只得作罢。1709年弗里德里希七世·马格努斯死后，其子卡尔三世·威廉（Karl Ⅲ. Wilhelm von Baden–Durlach）继承爵位成为杜拉赫的领主，经过慎重考虑，他决定重新寻找一片尚未被开发过的土地建造他的宫殿，1715年他下令建造卡尔斯鲁厄城（Karlsruhe）。根据民间传说，卡尔三世·威廉某次外出打猎时睡着了，在梦中他见到了一座金碧辉煌的宫殿，明媚的阳光沿着街道照耀四方。梦醒后这位领主立即派人草拟了他梦想之城的蓝图，并在1715年6月17日这一天奠定了这座城市的基石。时至今日，人们仍能从地图上辨认出向四处散射的“太阳光线”：宫殿位于一个圈的中心，从这里出发，街道分别以网格状往南向城内，往北向森林中延伸。卡尔斯鲁厄“网状城市”的绰号由此而来。1717年7月5日卡尔三世·威廉在卡尔斯鲁厄的新宫殿接见民众，并把杜拉赫的官员、居民连同他们的家产一起迁到了这里。

▼ 巴登–杜拉赫边疆伯爵卡尔三世·威廉画像

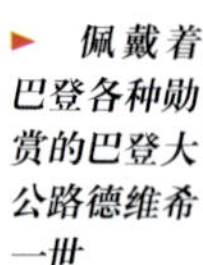

► 佩戴着巴登各种勋赏的巴登大公路德维希一世

由于卡尔三世·威廉从小目睹了他的出生地杜拉赫被法国人烧毁，他迫切地希望他的领地能够得到长治久安，1714年西班牙王位继承战争结束后，他同巴登–巴登边疆伯爵（Markgraf von Baden–Baden）路德维希·格奥尔格·希姆佩特（Ludwig Georg Simpert）签订协议（当时路德维希年仅13年，由其摄政的母亲主导协议），如果巴登–杜拉赫家族和巴登–巴登家族中的任何一个绝嗣，这两个家族将合并统一巴登，这也解释了为什么卡尔三世·威廉将新的宫殿建造在了当时巴登–巴登领地的边界上。根据这个协议，1771年接替兄长路德维希担任巴登–巴登边疆伯爵的奥古斯特·格奥尔格·希姆佩特（August Georg Simpert von Baden）死后，巴登–巴登绝嗣，被并入巴登–杜拉赫，巴登实现统一。

忠诚王家勋章

Hausorden der Treue / House Order of Fidelity

设立时间：1715年6月17日

级别：大十字级、指挥官级、女眷十字级

授予标准：为统治家族作出杰出贡献。

版本：第一版，1715年～1803年

第二版，1803年～1918年

简介：忠诚勋章设立于1715年6月17日卡尔斯鲁厄城奠基当天，最初仅有一个级别，其初衷是为加强家族成员凝聚力，故而并未限制获得者的人数。值得一提的是，受当时欧洲宫廷盛行法语的影响，当时这枚勋章叫“Ordre de la Fidélité（忠诚勋章的法语拼法）”。1720年出现了刺绣版星芒章。1803年3月8日，时任巴登选侯的卡尔·弗里德里希（Karl Friedrich von Baden）为这种勋章增设了指挥官级，使之拥有大十字级与指挥官级两个级别。1806年巴登升格为大公国后，忠诚勋章随之成为大公国最高级别的勋章。1808年曾设立过第三个级别，但从未颁发过。1814年起，勋章又被削减成了一个级别。1840年1月17日，勋章开始使用它的德语拼法“Hausorden der Treue”。同年6月17日修订的条例除了将勋章恢复为两个级别外，还把颁发范围扩大到拥有“杰出表现的”本国贵族、外国君主和政府高官。1902年“女眷十字级（Prinzessinnenkreuz）”设立，显然这是为巴登大公家族的女性成员们所准备的。

忠诚勋章的章体为金质马耳他十字形，绶章与绶带之间通过金质王冠连接，十字臂上皆覆有红色珐琅，且在尖角处有圆球装饰，每两条十字臂间有正反叠加的字母“C（代表设立者卡尔三世·威廉，卡尔的法语拼法为Carl）”，勋章正面三座山峰托起正反叠加的字母“C”，其上方是“FIDELITAS（忠诚）”字样。勋章背面则是巴登-杜拉赫边疆伯爵的黄底红斜纹盾章。而它的星芒章则为在银质八角底板上镶嵌整枚绶章正面图案，大十字级与指挥官级皆可搭配星芒章。

历史上曾颁发过少量镶钻的忠诚勋章和星芒章，以及使用金质挂链的大十字级勋章，其目的仅为表彰与众不同的功绩，并不能看成单独的级别。

▼ 巴登选侯卡尔·弗里德里希画像

► 链授级忠诚勋章。供图/Andrea Thies

▲ 第一版忠诚勋章。供图/Künker

▲ 刺绣版大十字级忠诚勋章。供图/Zeige

▲ 大十字级忠诚勋章挂章。供图/Zeige

► 大十字级忠诚勋章星章。供图/Zeige

▲ 全套大十字级忠诚勋章

1918年随着德意志帝国的战败与君主制度的崩溃，此勋章亦被废除，由于相关文件的缺失，忠诚勋章准确的颁发数量已无从考证，以下是从各类保存至今的文件中汇集出来的数据：

链绶钻石大十字级2枚，其中一人是1871年获颁的奥托·冯·俾斯麦；钻石大十字级4枚，包括1818年获颁的巴登首相莱因哈德·冯·贝尔施泰特男爵（Wilhelm Ludwig Leopold Reinhard Freiherr von Berstett）、1863年获颁的俄罗斯帝国外交大臣亚历山大·米哈伊洛维奇·戈尔恰科夫（Александр Михайлович Горчаков）；钻石星芒章4枚，其中有1815年获颁的奥地利帝国外交大臣克莱门斯·梅特涅（Klemens Wenzel von Metternich）、1907年获颁的普鲁士元帅马克斯·冯·博克-波拉赫（Max Friedrich Ernst von Bock und Polach）；大十字级414枚；指挥官级（配星芒章）18枚；指挥官级6枚；女眷十字级8枚。

卡尔·弗里德里希军事功勋勋章

Militär-Karl-Friedrich-Verdienstorden / Military Karl-Friedrich Merit Order

设立时间： 1805年10月5日

级别： 大十字级、指挥官一级、指挥官二级、骑士级以及同名金级和银级奖章

授予标准： 杰出的军事功绩或对敌作战中表现得英勇非凡。

简介： 1805年10月5日，时任巴登选侯的卡尔·弗里德里希设立了一种以自己名字命名的军事勋章，以表彰建立卓越军事功绩的各级军官。设立之初仅有大十字级、指挥官级和骑士级共三个级别，1840年原指挥官级被拆分为两级，区别在于有无星芒章。

勋章为金质（1916年起改为银镀金）马耳他十字形，白色十字臂间衬有绿色月桂枝叶，十字章与吊环之间有金质王冠（因为巴登并非王国，确切地说应该叫“权冠”，1806年起改为大公权冠）装饰，勋章正面中心为衬在红色珐琅底色上的金色“CF（代表卡尔·弗里德里希）”字样，外圈蓝色圆环上刻着铭文“FÜR BADENS EHRE（为了巴登的荣誉）”。勋章背面是一手持剑一手扶盾的戴冠狮鹫，它正扭头注视着身后，外圈同样刻着“FÜR BADENS EHRE”字样。

作为邦国最重要的军事奖励，在战场上与敌

人近距离作战的英勇士兵无法获得这种勋章着实是一种缺憾，为了弥补基层士兵军事勋赏的不足，同时也为了鼓舞士气，1807年4月4日，已经是巴登大公（巴登选侯国于1806年起升格为大公国）的卡尔·弗里德里希终于下令设立金银两级同名的功勋奖章（Karl Friedrich Militär-Verdienstmedaille），专授作战英勇建立功勋的军士和士兵，值得一提的是，金级和银级卡尔·弗里德里希军事功勋奖章是巴登大公国士兵所能获得的最高级别军功奖励。

奖章为圆形，正面图案为扭头注视后方的持剑扶盾戴冠狮鹫，上方有“FÜR BADENS EHRE”字样，背面则是“DEM TAPFEREN（英勇）”字样与获得者的名字，有时候还会加上获颁年份，外沿处饰着月桂枝叶。目前罕有金级奖章的踪影，因为历史上金级奖章的发行量非常少，且半数以上是在拿破仑战争期间授予的，最后一枚金级卡尔·弗里德里希军事

► 链授卡尔·弗里德里希军事功勋勋章。供图/Andrea Thies

▲ 大十字级卡尔·弗里德里希军事功勋勋章星章。供图/DNW

◄ 大十字级卡尔·弗里德里希军事功勋勋章挂章。供图/Künker

▼ 骑士级卡尔·弗里德里希军事功勋勋章。供图/Zeige

▲ 指挥官级卡尔·弗里德里希军事功勋勋章。供图/Hermann Historica

功勋奖章颁发于普法战争期间，此后发放的皆是银级奖章。

1918年随着德意志帝国崩溃与君主制的废除，卡尔·弗里德里希军事功勋勋章亦停止颁发，以下为此勋章的颁发数量。

大十字级41枚、指挥官级67枚（1805年至1839年）、指挥官一级26枚、指挥官二级17枚、骑士级706枚，奖章方面则为103枚金级和2858枚银级。

因为按照相关规定，获得者死后勋章必须收回，这也造成目前留存于民间的勋章数量并不多。

宰林根雄狮勋章

Orden vom Zähringer Löwen / Order of the Zähringen Lion

设立时间：1812年12月26日

级别：大十字级、指挥官一级、指挥官二级、骑士一级、骑士二级和功勋十字奖章

授予标准：杰出的民事、军事功绩或面对敌人表现英勇非凡。

简介：宰林根家族历史非常悠久，家族名字来源于他们所居住的宰林根城堡（Burg Zähringen），这座城堡位于布赖施高的弗莱堡（Freiburg im Breisgau），现存有遗址。目前所能查询到最早关于宰林根家族的记载可以追溯到一千多年前，在一份写于962年的文件上，提及了布赖施高一位贝特霍尔德（Berthold）伯爵与阿勒曼尼[①]的统治者有姻亲关系。通过不断地联姻与血缘继承，这个家族的领地除了布赖施高，还包括巴尔（Baar，今黑森林地区）、奥特瑙（Ortenau，今巴登-符腾堡州面积最大的一个县）以及图尔高（Thurgau，今瑞士东北部）。

① 阿勒曼尼：Alemannen，原为一支日耳曼部落，在213年罗马人的战报中首次提到此名。其后数十年间，他们对罗马诸行省的威胁日趋严重。260年左右占领了阿格里·戴克美特（Agri Decumates），即“十分之一之地”。5世纪末，他们一度扩张到阿尔萨斯和瑞士北部。496年被克洛维一世（Clovis Ⅰ）征服，从此，阿勒曼尼人成为法兰克王国的附庸，虽以阿勒曼尼亚公国的名义存在，但受到法兰克王国的控制。“德国”一词的法语Allemagne和西班牙语Alemania拼法即衍生于阿勒曼尼。

▲ 宰林根城堡遗址，宰林根雄狮勋章正面的城堡图样即来源于此

宰林根家族真正进入世人的视野则要等到上文那位贝特霍尔德伯爵的曾孙，“大胡子”贝特霍尔德一世（Berthold Ⅰ. von Zähringen，der Bärtige）生活的十一世纪。身兼巴伐利亚公爵（Herzog von Bayern）和士瓦本公爵（Herzog von Schwaben）的神圣罗马帝国皇帝亨利三世（Heinrich Ⅲ）曾向贝特霍尔德一世许诺，后者将在自己死后继承士瓦本公爵的头衔，但在亨利三世死后的1057年，他的孀妻普瓦图的阿格尼丝（Agnes von Poitou）依照丈夫的遗诏将士瓦本公爵头衔封给了莱茵费尔登伯爵鲁道夫（Rudolf von Rheinfelden）。虽然在1061年贝特霍尔德一世被封为卡林西亚公爵（Herzog von Kärnten，卡林西亚位于奥地利最南部，又译克恩顿）及维罗纳边疆伯爵（Markgraf von Verona，维罗纳位于意大利北部）作为先帝食言的补偿，但是从这个徒有虚名的头衔上得不到太多的利益，此举也导致了日后在主教叙任权之争（Investiturstreit）期间，贝特霍尔德一世加入已成为士瓦本公爵的老对手鲁道夫麾下，一起对抗亨利四世皇帝（Heinrich Ⅳ.）。

1075年，由于亨利四世坚持要控制德意志和意大利北部所有主教的叙任权，并拒绝让得到教会支持的米兰大主教就职，为此他与教宗额我略七世（Gregorius Ⅶ，或译格里高利七世）发生激烈冲突。当年年底，额我略七世警告亨利四世不要干预米兰大主教职位的确定和授职，否则将受到逐出教会的惩罚。由此引发了一场皇帝与教宗之间争夺主教叙任权的公开冲突。1076年1月，亨利四世召集全德意志主教在沃尔姆斯（Worms）开会，宣称额我略七世是一个伪僧侣，宣布废黜教宗额我略七世。但是响应亨利四世的主教很少，普通民众更对皇帝的行为深感不安。作为回应，额我略七世于1076年2月22日对亨利四世处以破门律（绝罚）：开除、废黜和放逐亨利四世。按照破门律，被惩罚者不在一年之内获得教宗的宽恕，他的臣民都将解除对他的

▼ 位于康斯坦茨的宰林根家族创始人贝特霍尔德一世雕像

效忠宣誓。对亨利四世最致命的打击来自德意志诸侯，大多数领主表示如果亨利四世不能在一年之内恢复教籍，他们就不再承认他的合法性，同时用推举国王的举动来支持教宗。民众也拒绝帮助皇帝，因为他已被逐出教门。亨利四世没有足够的兵力来对付反叛的诸侯，仅剩向教宗恳求宽恕一条路。

1077年1月25日，亨利四世前往额我略七世所在的卡诺莎城堡，连续三天站在城堡外的冰天雪地中，恳求教宗原谅他的一切罪过。处于两难之中的额我略七世明知亨利四世不可能恪守他的承诺，但不得不取消破门律。“卡诺莎悔罪”之后，亨利四世重新得到了人民的支持，并使诸侯没有借口反对他，此前被诸侯们推举为“对立国王（Gegenkönig）”的士瓦本公爵鲁道夫成为首要斩除对象。

1078年贝特霍尔德一世死后，其子贝特霍尔德二世（Berthold Ⅱ. von Zähringen）遵从父亲的意愿，继续与鲁道夫一起对抗亨利四世，同时为了巩固联盟，1079年贝特霍尔德二世迎娶了鲁道夫的女儿——莱茵费尔登的阿格尼丝（Agnes von Rheinfelden）。在此之前，因为各自的反叛行为，贝特霍尔德二世和鲁道夫都被皇帝剥夺爵位，士瓦本公爵另封给了斯陶芬家族的弗里德里希一世（Friedrich Ⅰ. von Staufen，斯陶芬后来也称霍亨斯陶芬Hohenstaufen），但鲁道夫拒不承认这项决议，仍以士瓦本公爵自居，由此世上同时产生了两位士瓦本公爵。1080年，鲁道夫与亨利四世交战于魏瑟埃尔斯特河（Weiße Elster，即白鹊河）畔的霍亨默尔森（Hohenmölsen），此役皇帝的军队被击溃，但在混战中，鲁道夫被敌人砍断了右手，腹部也受了重创，不久便因失血过多死去，据传他在临死前举起断肢哀号：“我曾用这只手向亨利四世宣誓效忠，你们看，是你们让我登上了王位，不知你们引导我的是不是一条正路……”

鲁道夫死后，其子贝特霍尔德（Berthold von Rheinfelden）接手父亲留下的事业，并宣布继承士瓦本公爵头衔。但此时的局势俨然已倒向亨利四世一边，自鲁道夫死后，叛乱诸侯们对新国王的人选争执不下，实力大大削弱，已无法对亨利四世构成威胁。面对如此形势，1080年额我略七世再次对亨利四世处以绝罚。但此时的亨利四世实力大增，已非昔日吴下阿蒙，皇帝随即再度宣布废黜教皇，并任命一名对立教宗克雷孟三世（Clemens Ⅲ）。1084年亨利四世率领大军占领了罗马，在那里接受了克雷孟三世的加冕。同年，支持皇帝的诸侯军队包围了士瓦本地区，贝特霍尔德公爵放弃了与敌人决一死战，随后自行离开。他留下的领地被盟友宰林根的贝特霍尔德二世和巴伐利亚公爵韦尔夫五世[①]（Welf Ⅳ）所瓜分，1090年贝特霍尔德公爵去世，死后无子，他的妹夫宰林根的贝特霍尔德二世于1092年宣布继承士瓦本公爵的头衔，此举引发了另一位先前受皇帝册封的士瓦本公爵、霍亨斯陶芬家族弗里德里希一世的强烈不满，双方为此进行了激烈的对抗。1098年贝特霍尔德二世与弗里德里希一世和解，前者宣布放弃对士瓦本地区的统治，并专心经营家族发源地布赖施高，同时将自己的头衔改为“宰林根公爵”。

贝特霍尔德二世死后，传位于其子贝特霍尔德三世（Berthold Ⅲ. von Zähringen）。1122年执政能力糟糕的贝特霍尔德三世去世，他的弟弟康拉德一世（Konrad Ⅰ. von Zähringen）继位，康拉德一世终其一生都在为遏制霍亨斯陶芬家族壮大而努力。1152年康拉德一世死后，传位于儿子贝特霍尔德四世（Berthold Ⅳ. von Zähringen），在他统治期间他的两位邻居士瓦本公爵弗里德里希四世[②]（Friedrich Ⅳ. von Rothenburg）与韦尔夫六世[③]（Welf Ⅵ）为了图宾根（Tübingen）诉诸武力，宰林根公爵再一次站在了霍亨斯陶芬家族的对立面，毫不犹豫地支持韦尔夫六世，1173年，苏黎世（Zürich）飘起了宰林根的旗帜。1186年贝特霍尔德四世死后，其子贝特霍尔德五世（Berthold Ⅴ. von Zähringen）接过父亲的权力，伯尼尔城（Bern）即是在他任内的1191年开始建造的，1218年贝特霍尔德五世驾鹤西去，死后无嗣，名下领地被本家族其他分支和霍亨斯陶芬家族瓜分，宰林根家族至此退出历史舞台。

▲ 位于伯尔尼的贝特霍尔德五世雕像

①韦尔夫五世：此人在老韦尔夫家族（Ältere Welfen）中被称为“韦尔夫五世”，在小韦尔夫家族（Jüngeren Welfen），即韦尔夫–埃斯特（Welf–Esten）家族中被称为“韦尔夫一世”。

②弗里德里希四世：神圣罗马帝国霍亨斯陶芬王朝的第一位国王康拉德三世之子，康拉德三世死前并未被加冕为帝，且他传位于侄子“红胡子”弗里德里希一世而非自己的儿子。

③韦尔夫六世：巴伐利亚公爵海因里希九世（Heinrich Ⅸ）的三子，受封托斯卡纳边疆伯爵（Markgraf von Tuszien）。

巴登的统治者属于宰林根家族的分支，他们的祖先赫尔曼一世（Hermann Ⅰ. von Baden）是贝特霍尔德一世的长子，后来继承宰林根家族族长之位的贝特霍尔德二世是他的弟弟，1061年起赫尔曼一世就以父亲的其中一个头衔维罗纳边疆伯疆自称，而他的后代则自称巴登边疆伯爵（Markgrafen von Baden）。

1812年12月26日，时任巴登大公的卡尔·路德维希·弗里德里希（Karl Ludwig Friedrich）宣布设立一种新勋章，为了纪念先祖的光荣历史，这种勋章以“宰林根雄狮”为名。

勋章在设立之初只有三个级别：大十字级、指挥官级和骑士级，此后勋章经历了多次修改。1815年增设用以表彰特殊功绩的橡叶饰（最初橡叶饰上刻着字母“L”作为戳记，1866年后戳记被取消）。1840年指挥官级被拆分为两个级别：配星芒章的指挥官一级和无星芒章的指挥官二级。1866年骑士级也被分成骑士一级和骑士二级，同年出现了用以表彰军事功绩的各级佩剑版勋章。

作为公认最漂亮的德意志邦国勋章之一，宰林根雄狮勋章呈等臂十字形，但十字臂末端较根部宽大，十字臂之间有弯钩状饰物，章体材质按级别的高低有金质、银镀金和银质之分。勋章的正面十字臂上覆有绿色玻璃，中央为金色描边的圆盘，里面绘着宰林根家族的象征宰林根城堡。勋章背面中央为红色珐琅底面衬托的金色直立雄狮。

► 链授宰林根雄狮勋章。供图/Andrea Thies

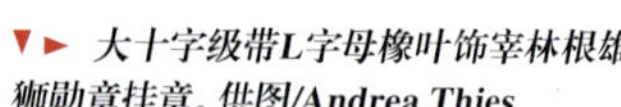

▼► 大十字级带L字母橡叶饰宰林根雄狮勋章挂章。供图/Andrea Thies

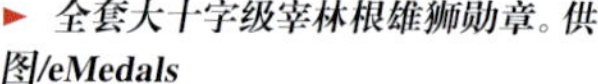

► 全套大十字级宰林根雄狮勋章。供图/eMedals

◄ 大十字级佩剑宰林根雄狮勋章挂章。供图/Andrea Thies

◄ 大十字级宰林根雄狮勋章挂章。供图/Zeige

◄ 大十字级宰林根雄狮勋章星章。供图/Künker

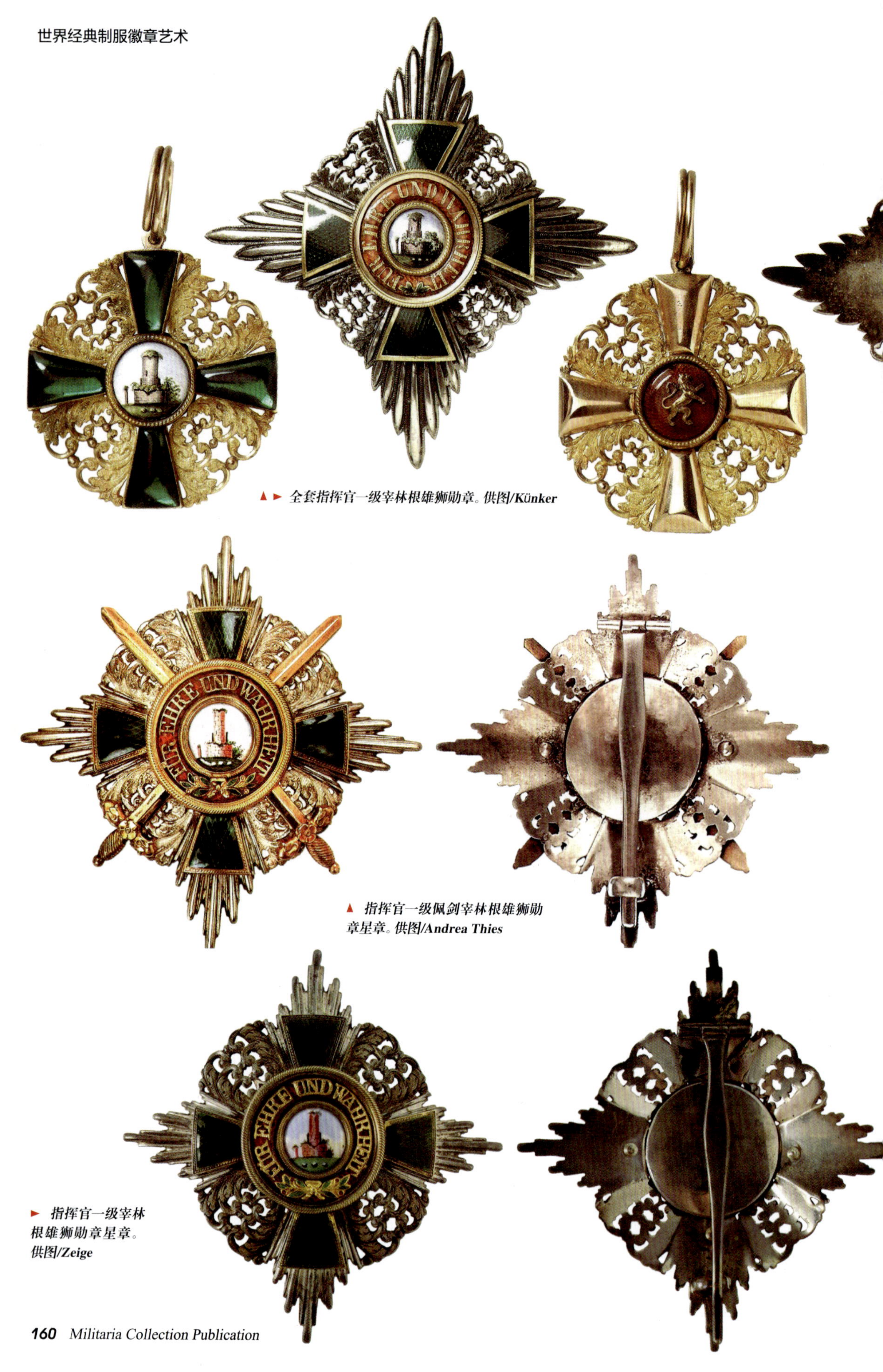

▲► 全套指挥官一级宰林根雄狮勋章。供图/Künker

▲ 指挥官一级佩剑宰林根雄狮勋章星章。供图/Andrea Thies

► 指挥官一级宰林根雄狮勋章星章。供图/Zeige

▲ 指挥官二级佩剑带橡叶宰林根雄狮勋章。供图/eMedals

▲ 指挥官二级带橡叶宰林根雄狮勋章。供图/Bene Merenti

▲ 指挥官二级佩剑宰林根雄狮勋章。供图/Zeige

▲ 指挥官二级宰林根雄狮勋章。供图/Zeige

▲ 骑士一级佩剑带橡叶宰林根雄狮勋章。供图/Hermann Historica

▲ 骑士一级带橡叶宰林根雄狮勋章。供图/Zeige

▲ 骑士一级佩剑宰林根雄狮勋章。供图/Zeige

▲ 骑士一级宰林根雄狮勋章。供图/WAG

▲ 骑士二级佩剑带橡叶宰林根雄狮勋章。供图/Zeige

▲ 骑士二级带橡叶宰林根雄狮勋章。供图/Hermann Historica

▲ 骑士二级佩剑宰林根雄狮勋章。供图/Zeige

▲ 骑士二级宰林根雄狮勋章。供图/Zeige

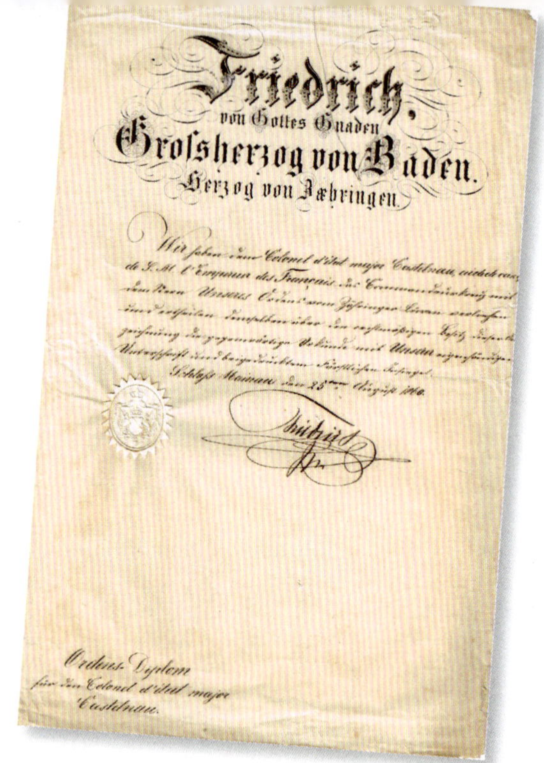
Friedrich,
von Gottes Gnaden
Großherzog von Baden.
Herzog von Zähringen.

Ordens-Diplom
für den Colonel d'état major
Castelnau.

▲ 指挥官一级宰林根雄狮勋章证书。供图/Künker

各级宰林根雄狮勋章中配有星芒章仅有大十字级和指挥官一级。大十字级星芒章底板呈八角放射状，最中央为衬在红色珐琅背景里的金色直立雄狮，外圈白底圆环里刻着“FÜR EHRE UND WAHRHEIT（为了荣誉与真理）”与月桂枝叶。指挥官一级星芒章的造型脱胎于勋章式样，它在原勋章的基础上加以修改，四条十字臂末端各衍生出一道光芒，并在中心宰林根城堡图案外圈增加“FÜR EHRE UND WAHRHEIT”与月桂枝叶。两种星芒章皆通过背面竖形别针佩戴。

历史上还曾出现过一种镶嵌钻石的大十字级宰林根雄狮勋章，历史上仅有十一位建立“非凡功绩”的人士有幸获此殊荣，他们分别是：

1. 莱因哈德·冯·贝尔施泰特男爵（Reinhard Freiherr von Berstett），巴登首相，1815年获颁；

2. 巴萨诺公爵拿破仑·约瑟夫·胡格斯·马雷特（Napoléon Joseph Hugues Maret, duc de Bassano），法兰西宫廷大总管（Grand chambellan de France），1854年获颁；

3. 亚历山大·冯·克勒尔伯爵（Alexander Graf von Keller），普鲁士内廷高级总监（Oberhof- und Hausmarschall），1856年获颁；

4. 海因里希·冯·普克勒（Heinrich von Pückler），普鲁士内廷总监（Hofmarschall），1856年获颁；

5. 赫尔曼·冯·克勒尔伯爵（Hermann Graf von Keller），普鲁士宫廷侍从官（Kammerherr），1856年获颁；

6. 德米特里·彼得洛维奇·塞维林伯爵（Dmitri Petrowitsch Sewerin），俄罗斯帝国公使，1857年获颁；

7. 一位姓名不详的俄罗斯帝国将军，1861年获颁；

8. 斯特罗加诺夫伯爵（Graf Stroganoff），俄罗斯帝国侍从武官长（Hofstallmeister），1863年获颁；

9. 奥古斯特·冯·韦尔德伯爵（August Graf von Werder），普鲁士步兵上将，1875年获颁；

10. 莫里茨·冯·科恩（Moritz von Cohn），私人银行家、枢密顾问，1889年获颁；

11. 埃杜尔德·冯·希姆森（Eduard von Simson），枢密顾问、帝国议会议长（Präsident des Reichsgerichts）。

据称另有一人获得了普通大十字级，但配的是钻石版星芒章。

由于相关文件缺失，目前仅能统计出1815年到1918年间各级宰林根雄狮勋章的颁发情况：

大十字级763枚、橡叶大十字级32枚、佩剑大十字级74枚、钻石大十字级9枚、橡叶钻石大十字级1枚、佩剑钻石大十字级1枚、大十字级配钻石星芒章1枚；

指挥官级155枚、橡叶指挥官级15枚、钻石指挥官级8枚（1815~1839年间）；

指挥官一级938枚、橡叶指挥官一级56枚、佩剑指挥官一级83枚、佩剑橡叶指挥官一级4枚、钻石指挥官一级1枚、橡叶钻石指挥官一级2枚；

指挥官二级2060枚、橡叶指挥官二级285枚、佩剑指挥官二级174枚、佩剑橡叶指挥官二级21枚、钻石指挥官二级1枚、橡叶钻石指挥官二级1枚；

（1815~1865年间）骑士级1481枚、橡叶骑士级158枚；

骑士一级5445枚、橡叶骑士一级1766枚、佩剑骑士一级718枚、佩剑橡叶骑士一级244枚；

骑士二级3544枚、橡叶骑士二级1452枚、佩剑骑士二级6754枚、佩剑橡叶骑士二级1539枚。

1889年4月29日，政府设立宰林根雄狮功勋十字奖章（Verdienstkreuz des Orden vom Zähringer Löwens）以弥补基层士兵无法获得宰林根雄狮勋章的遗憾，奖章的发放对象多为高级军士，尤其是从事后勤工作的人员。1914年9月25日起授予标准更改为“在面对敌人时有出色的勇敢行为”，某些情况下此奖章使用与卡尔·弗里德里希军事功勋勋章（简称MKFVO）一样的绶带，为了避免在使用略表时混淆，1917年11月13日起规定后者的略表上附加一个戴有王冠的F字样装饰。据统计，宰林根雄狮功勋十字奖章共颁发了2681枚，另有557枚奖章采用MKFVO绶带。

贝特霍尔德一世勋章
Orden Berthold des Ersten / Order of Berthold I

设立时间：1877年4月29日
级别：大十字级、指挥官一级、指挥官二级、骑士级
授予标准：忠诚服务或拥有杰出表现。
简介：1877年4月29日，为了纪念自己执政25周年，时任巴登大公的弗里德里希一世（Friedrich I. von Baden）宣布在大十字级宰林根雄狮勋章之上增设一种名为“贝特霍尔德一世勋章”的荣誉，此时这种勋章属宰林根雄狮勋章的一个特殊级别。1896年9月9日弗里德里希一世七十大寿，大公宣布将贝特霍尔德一世勋章作为对忠诚服务或表现极其突出各界人士的奖励，正式从宰林根雄狮勋章中分离出来，成为一项单独的勋赏，它在巴登大公国勋奖章体系中名列第三，仅次于忠诚勋章和卡尔·弗里德里希军事功勋勋章。

独立设置后的勋章共分大十字级、指挥官一级、指挥官二级和骑士级四个级别。勋章呈白色马耳他十字形，十字章与吊环之间通过一顶金质王冠连接，十字章的八个尖角处饰有金色圆球，每两条十字臂之间还缀着金质的中世纪时期公爵权冠。勋章正面中心为衬托在红色珐琅背景上的金色花押纹章，背面为红底金色王冠。在因战争功绩而获颁的勋章上还附有佩剑装饰以示区别。

贝特霍尔德一世勋章为大十字级和指挥官一级配备了星芒章，区别在于前者为金色八角形，后者则是银色四角形。两种星芒章的正面中央为策马驰骋的贝特霍尔德四世（这个形象源自苏黎世大教堂内一幅绘于1177年的壁画，画中人物为贝特霍尔德四世，但不知何故在备注处却误将人名写成了贝特霍尔德一世，后人将错就错就把这个形象认作贝特霍尔德一世），外圈白色圆环上刻着“GERECHTIGKEIT IST MACHT（权力源于公正）”字样。星芒章通过背面竖形别针佩戴。

通常情况下大十字级勋章的佩戴方式为右肩披挂大绶，左胸佩戴八角星芒章；指挥官一级除了领口处的绶章外，还在左胸佩戴四角星芒章；二级指挥级仅有领绶章；骑士级则采用襟绶佩戴于左胸。但在某些特殊场合，大十字级勋章会改用华丽的金质挂链佩戴，挂链上交替出现策马驰骋的贝特霍尔德四世和金色王冠。

以下为各方统计的颁发数量，其中不包括出于惯例与礼节而发放给巴登大公家族与外国君主的数量，从中可见这种勋章的颁发量十分稀少。

大十字级172枚、佩剑大十字级24枚、挂链大十字级1枚、大十字级配佩剑星芒章2枚、大十字级配钻石星芒章1枚；

指挥官一级73枚、佩剑指挥官一级10枚；

指挥官二级97枚、佩剑指挥官二级1枚；

骑士级347枚、佩剑骑士级22枚。

▲ 链授贝特霍尔德一世勋章。供图/eMedals

▲原盒大十字级贝特霍尔德一世勋章。供图/Zeige

▲ 大十字级贝特霍尔德一世勋章挂章。供图/Zeige

▲ **大十字级佩剑贝特霍尔德一世勋章挂章。供图/Andrea Thies**

◄ **大十字级佩剑贝特霍尔德一世勋章星章。供图/Andrea Thies**

▼ 指挥官二级贝特霍尔德一世勋章。供图/Zeige

▲ 指挥官一级佩剑贝特霍尔德一世勋章星章。供图/Andrea Thies

◄ 指挥官一级贝特霍尔德一世勋章。供图/Hermann Historica

▲ 骑士级贝特霍尔德一世勋章。供图/Zeige

巴伐利亚王国

Königreich Bayern / Kingdom of Bavaria

作为德意志南部最重要的地区，巴伐利亚的历史可谓十分悠久。据考证，在公元元年前后，罗马帝国首任皇帝奥古斯都（Augustus）击败了最早居住在此处的凯尔特人（Kelten），将其纳入帝国版图之中，并称此地为Bajuwaren（亦作Baiuwaren），这是“巴伐利亚”一词的由来，罗马人在这片土地上设立了雷蒂安（Raetia）与诺里库姆（Noricum）两个行省，为了方便管理，罗马人修建了一个名为Castra Regina（意为“雷根河畔的兵营”）的要塞作为巴伐利亚地区的行政中心，这个要塞就是今天的雷根斯堡市（Regensburg）。

大约在520年，法兰克人首次在文献中提及了巴伐利亚，不过他们用的是另一个拉丁语拼法Baiovarii，到了公元5世纪至6世纪，巴伐利亚聚集了来自各地的移民：阿勒曼尼人、伦巴底人、图林根人、哥特人、波希米亚人、斯拉夫人和罗马人，各民族的混居也促进了该地区文化的交流与融合。

自西罗马帝国灭亡后，巴伐利亚迎来了新的征服者法兰克人，此时法兰克王国在东方正陷入与阿瓦尔人及斯拉夫人的苦战之中，这块王国边境线上既可以作为缓冲区又可提供兵员的土地显得尤为重要，为此王国的统治者将其封给阿吉洛尔芬家族（Agilolfinger，亦作Agilulfinger）的加里巴尔德一世（Garibald Ⅰ.），584年巴伐利亚公国由此建立，加里巴尔德一世成为首任巴伐利亚公爵。

在阿吉洛尔芬家族统治巴伐利亚期间，抵挡东方的游牧民族诚然是头等大事，但历任公爵们也不忘从虚弱的法兰克王国治下争取完全的独立，并于8世纪初实现了这个目标。

但是好景不长，自查理·马特（Karl Martell，即铁锤查理）成为法兰克王国的实际统治者，中央政府开始严密控制巴伐利亚。

751年查理·马特的儿子矮子丕平继承法兰克王位，开启加洛林王朝，757年阿吉洛尔芬家族末任巴伐利亚公爵塔西洛三世（Tassilo Ⅲ.）承认矮子丕平的最高权威，但是不久后却拒绝参加对阿基坦（Aquitanie）的战争。788年查理曼大帝逼迫塔西洛放弃爵位进入修道院，阿吉洛尔芬家族统治巴伐利亚公国的历史结束。

此后有许多家族统治过巴伐利亚公国，但皆不长久，众多短暂的统治者中，不能不提到著名的韦尔夫-埃斯特家族（Welf-Esten，也称小韦尔夫家族），1070年担任巴伐利亚公爵的奥托二世（Otto Ⅱ.）因在与国王亨利四世（Heinrich Ⅳ.）的权力争斗中失利，被剥夺了爵位，后来国王将爵位转封给了奥托二世的女婿韦尔夫四世（Welf Ⅳ.），受封后的韦尔夫四世改称韦尔夫一世公爵，开启小韦尔夫家族在巴伐利亚的统治史，而他的曾孙，“狮子”海因里希（Heinrich der Löwe，我国史书一般称其为“狮子亨利”）通过四处征战，占领了大片斯拉夫部落居住的土地，并修筑了包括慕尼黑（München）和吕贝克（Lübeck）在内的许多城市，这些事迹被德国历代历史编纂者大加赞扬。

◄ 阿吉洛尔芬家族末任巴伐利亚公爵塔西洛三世（Tassilo Ⅲ）的雕像

► 狮子海因里希的雕像

但在1180年，由于“狮子”海因里希与自己的表哥皇帝“红胡子”弗里德里希一世（Friedrich Ⅰ. Barbarossa）因政治利益而反目，皇帝借故收回了前者在巴伐利亚的头衔与领地，转封给“红发”奥托一世（Otto Ⅰ. der Rotkopf，此人在家族内称奥托六世Otto Ⅵ.），这个家族将统治巴伐利亚直至800多年后的1918年。

“红发”奥托一世的先祖可以追溯到沙伊埃尔恩伯爵（Graf von Scheyern）奥托一世，据传他是在938年至947年间担任过巴伐利亚公爵的贝特霍尔德（Berthold von Bayern）后裔。1119年奥托一世伯爵的三子奥托二世（Otto Ⅱ. von Scheyern）获得了维特尔斯巴赫城堡（Burg Wittelsbach），五年后1124年，奥托一世伯爵的孙子奥托五世（Otto Ⅴ. von Scheyern）——他是奥托一世长子埃克哈德一世（Ekkehard Ⅰ. von Scheyern）的第二个儿子——将官邸迁至维特尔斯巴赫城堡，这便是“维特尔斯巴赫家族（Wittelsbach）”的由来。

“红发”奥托一世成为巴伐利亚公爵后，他的弟弟奥托七世（Otto Ⅶ. von Wittelsbach）被封为巴伐利亚行宫伯爵[①]。历史上奥托七世的儿子奥托八世（Otto Ⅷ. von Wittelsbach）非常有名。1197年“红胡子”弗里德里希一世的儿子亨利六世皇帝（Heinrich Ⅵ.）死后，来自韦尔夫-埃斯特家族的奥托四世（Otto Ⅳ.）当选为新君，此举引发了亨利六世的弟弟，士瓦本的菲利普（Philipp von Schwaben）强烈不满。不久之后奥托四世自认根基已稳，随即否认许诺给教宗英诺森三世（Innocentius Ⅲ）的利益，甚至准备与之兵戎相见。作为一名手段老辣的政客，英诺森三世马上转而支持士瓦本的菲利普。1208年6月21日，“对立国王”菲利普来到班贝格（Bamberg）参加自己侄女的婚礼，席间奥托四世皇帝的支持者、已是巴伐利亚行宫伯爵的奥托八世趁机将其刺杀，不过此举也让维特尔斯巴赫家族失去了巴伐利亚行宫伯爵头衔。

▲ 维特尔斯巴赫家族开始统治巴伐利亚的奥托一世的雕像

“红发”奥托一世死后，其子“凯尔海姆人”路德维希一世（Ludwig Ⅰ. des Kelheimer，绰号因其出生于凯尔海姆）继承爵位，1214年起他又兼任莱茵行宫伯爵（Pfalzgraf bei Rhein）。1231年其子“尊贵的”奥托二世（Otto Ⅱ. der Erlauchte）在父亲死后接过统治权，不过巴伐利亚公国统一的局面也到此为止了，1253年“尊贵的”奥托二世去世，他的两个儿子为了领地分配问题争论不休，经过无数次谈判，1255年双方达成协议将公国一分为二，长子“严厉的”路德维希二世（Ludwig Ⅱ. der Strenge）获得的部分改称“上巴伐利亚公国（Herzogtum Oberbayern）”，而次子海因里希十三世（Heinrich XIII. von Wittelsbach）的领地更名为“下巴伐利亚公国（Herzogtum Niederbayern）”，值得一提的是，“严厉的”路德维希二世的长子鲁道夫一世（Rudolf Ⅰ. von der Pfalz）因为继承莱茵行宫伯爵，此后这一脉演变为维特尔斯巴赫家族的莱茵支系（或称莱茵-

① 行宫伯爵（Pfalzgraf）又称普法尔茨伯爵、王权伯爵，掌管着帝国境内的所有宫殿设施，他们的领地被称为普法尔茨（Pfalz）。

普法尔茨支系），而路德维希二世的幼子路德维希四世（Ludwig Ⅳ. der Bayer）因获得上巴伐利亚公爵爵位，故而这一脉被称为维特尔斯巴赫家族的巴伐利亚支系。1340年年仅11岁的末任下巴伐利亚公爵“孩童”约翰一世（Johann Ⅰ. das Kind）死去，此时上巴伐利亚公爵路德维希四世已被加冕成为神圣罗马帝国皇帝路易四世，乘此良机，他统一了巴伐利亚。

好景不长，1349年路易四世死后，巴伐利亚再次被他的儿子们分两部分，其中长子“勃兰登堡人”路德维希五世（Ludwig Ⅴ. der Brandenburger）、三子“罗马人”路德维希六世（Ludwig Ⅵ. der Römer）与幼子奥托五世（Otto Ⅴ. der Faule）共治上巴伐利亚；次子施特凡二世（Stephan Ⅱ. mit der Hafte）、四子威廉一世（Wilhelm Ⅰ. von Bayern）与五子阿尔布雷希特一世（Albrecht Ⅰ. von Bayern）共治下巴伐利亚。

无数次事实证明，政治上的共治永远不会长久。1353年，下巴伐利亚再次分裂为威廉一世（继任者为阿尔布雷希特一世）的巴伐利亚－施特劳宾公国（Bayern－Straubing）与施特凡二世的下巴伐利亚－兰茨胡特公国（Niederbayern－Landshut）。1363年，上巴伐利亚绝嗣，归于巴伐利亚－兰茨胡特。1392年，施特凡二世的三个儿子在父亲死后，将下巴伐利亚－兰茨胡特公国瓜分为巴伐利亚－慕尼黑（Bayern-München）、巴伐利亚－兰茨胡特（Bayern-Landshut）与巴伐利亚－因戈尔施塔特（Bayern-Ingolstadt）。1425年，巴伐利亚－施特劳宾绝嗣，其领地被巴伐利亚－慕尼黑、巴伐利亚－兰茨胡特、巴伐利亚－因戈尔施塔特瓜分。1445年巴伐利亚－因戈尔施塔特绝嗣，归于巴伐利亚－兰茨胡特。1503年，巴伐利亚－兰茨胡特绝嗣，归于巴伐利亚－慕尼黑，巴伐利亚重新统一。

1623年，为了表彰在三十年战争（Dreißigjährigen Krieg）期间始终忠于神圣罗马帝国的功绩，时任巴伐利亚公爵的马克西米利安一世（Maximilian Ⅰ. von Bayern）被封为选侯。1742年他的曾孙卡尔·阿尔布雷希特（Karl Albrecht von Bayern）被推举为神圣罗马帝国皇帝，称卡尔七世（Karl Ⅶ，又称为查理七世），成为维特尔斯巴赫家族第二位也是最后一位登上皇帝宝座的成员。

1777年，查理七世皇帝的儿子马克西米利安三世·约瑟夫（Maximilian Ⅲ. Joseph von Bayern）去世，死后无嗣，维特尔斯巴赫家族巴伐利亚支系就此消亡，其领地转由本家族莱茵支系（莱茵－普法尔茨支系）普法尔茨－苏尔茨巴赫（Pfalz－Sulzbach）的卡尔·提奥多尔（Karl Philipp Theodor）继承，1778～1779年间，普鲁士联合萨克森就下巴伐利亚归属问题与奥地利爆发了一场冲突，史称“巴伐利亚继承战争（Bayerischer Erbfolgekrieg）”，这场因交战双方相互对峙而几乎没有流血的战争最终以奥地利占领一小部分巴伐利亚、萨克森得到赏金、巴伐利亚则由卡尔·提奥多尔继承而告终。

► 佩戴各种巴伐利亚勋章的路德维希二世画像，他建造了新天鹅堡，被誉为“艺术家国王”，曾有学者拿他与宋徽宗比较

▲ 佩戴各种巴伐利亚勋章的马克西米利安二世画像

▲ 佩戴各种巴伐利亚勋章的路德维希三世

1799年卡尔·提奥多尔死后（其独子已于1762年离世），普法尔茨-茨魏布吕肯（Pfalz-Zweibrücken）的马克西米利安·约瑟夫（Maximilian Joseph）接手巴伐利亚公国，称为马克西米利安四世（Maximilian Ⅳ Joseph）。

作为拿破仑·波拿巴最忠实的德意志盟友，1806年法兰西皇帝宣布将巴伐利亚升格为王国，马克西米利安四世登基成为马克西米利安一世国王（Maximilian Ⅰ. Joseph）。1866年普奥战争（亦称七周战争）期间，巴伐利亚支持奥地利对抗日益强大的普鲁士以维护她自己的独立地位，但战争以奥地利失败而告终。最终在1871年巴伐利亚被并入新成立的德意志帝国，不过保留着了王国的称号。

圣胡伯特勋章

Orden des Heiligen Hubertus / Order of Saint Hubert

设立时间：1444年11月3日

级别：仅有一级

授予标准：颁发给圣胡伯特骑士团成员。

简介：1423年，格尔德恩-贝格公爵（Hertog van Gelre-Berg）雷金纳德四世（Reinoud Ⅳ）去世，他的甥孙埃赫蒙德的阿诺德（Arnold van Egmont）成为格尔德恩公爵。阿诺德的母亲玛丽娅（Maria van Arkel）是雷金纳德四世妹妹约翰娜（Johanna van Gulik）的女儿，阿诺德的表伯父阿道夫七世（Adolf Ⅶ. von Jülich-Berg，他是阿诺德的母系亲属）接手了列日（Liège）附近的贝格地区。相比格尔德恩，贝格地区更加富庶，这引起了阿诺德的强烈不满，不久之后，垂涎于富饶之地的阿诺德决定使用武力逼迫阿道夫交出贝格，战争以双方和谈、边界维持不变而告终。

1437年阿道夫七世死后，爵位和领地由他的侄子格哈德（Gerhard von Jülich-Berg）继承。格哈德是阿道夫弟弟威廉（Wilhelm von Berg）的独子，阿道夫的儿子鲁珀特（Rupert）死于1431年，威廉则死于更早的1428年。阿诺德闻讯后表面声称他与阿道夫签订的停火协议依旧有效，暗地里却召集军队，准备再次出兵夺取土地，当然格哈德为了维护自己继承的合法性也在全力备战。1444年，这场不可避免的战争终于打响，当年11月3日圣胡伯特日，双方在拉文斯堡（Ravensburg）附近的林尼希（Linnich）遭遇，旋即爆发激战，此役格哈德的骑士们大破阿诺德军队。

为了宣传自己在林尼希战役中的功绩，感谢猎人与骑士的守护使圣胡伯特带给自己胜利，也为了提高贵族们对自己的忠诚，于利希-贝格公爵格哈德决定按当时流行的方式，建立圣胡伯特骑士团，并设置同名的勋章。男女贵族皆有资格申请加入，骑士团不设人数上限。

1475年格哈德公爵逝世，其子威廉（Wilhelm von Jülich-Berg）——称呼他为贝格公爵（Herzog von Berg）时为威廉三世；称呼他为于利希公爵（Herzog von Jülich）和拉文斯堡伯爵（Graf von Ravensberg）时为威廉四世——继承爵位。1476年，威廉修改了骑士团条例，新条例用拉丁语和德语分别书写，两者在男性成员的申请资格上略有出入——拉丁语条例规定男性成员必须是世袭八代以上的贵族，且名誉清白；而德语条例中仅规定男性成员是四代世袭贵族即可。两版条例还规定骑士团男性成员限额60人，女性人员不受影响。

由于威廉经历的两次婚姻仅带给他一个女儿玛丽娅（Maria von Jülich-Berg），考虑到《萨利克继承法（Lex Salica）》中规定的“女子不得继承土地与爵位”，1496年，威廉公爵决定与克莱沃公爵约翰二世（Johann Ⅱ. von Kleve）的马克家族（Haus Mark）联姻。1510年，21岁的约翰三世（Johann Ⅲ. von Kleve-Jülich-Berg）与

20岁的玛丽娅完婚。1539年，威廉五世（Wilhelm Ⅴ）继承父亲约翰三世的爵位，此时他不仅坐拥于利希、克莱沃、贝格、拉文斯堡，还得到了教会所属的科隆选侯国（Kurfürstentum Köln）和明斯特（Münster），由此威廉五世又被称为“富有的”威廉（Wilhelm der Reiche），不过威廉五世远没有他的两个姐夫有名：大姐西比拉（Sibylle von Jülich-Kleve-Berg）1527年嫁给了萨克森选侯“大度的”约翰·弗里德里希一世（Johann Friedrich Ⅰ. der Großmütige von Sachsen），这位大姐夫是马丁·路德（Martin Luther）的支持者；二姐安娜（Anna von Kleve），在英国被称为克里维斯的安妮（Anne of Cleves），1540年成为英国国王亨利八世（Henry Ⅷ of England）的第四任妻子。

▲ 威廉五世画像

1609年，继承父亲威廉五世爵位的约翰·威廉（Johann Wilhelm von Jülich-Kleve-Berg）过世，死后无嗣，他的领地被诺伊堡行宫伯爵沃尔夫冈·威廉（Wolfgang Wilhelm von Pfalz-Neuburg）和勃兰登堡选侯约翰·西吉斯蒙德（Johann Sigismund von Brandenburg）所瓜分。前者得到了于利希和贝格两地，后者将克莱沃、马克和拉文斯堡收入囊中。圣胡伯特勋章亦被新任领主所废除。1708年，普法尔茨选侯兼于利希-贝格公爵约翰·威廉（Johann Wilhelm von der Pfalz，他是沃尔夫冈·威廉的孙子，亦称约翰·威廉二世）宣布恢复圣胡伯特勋章，以表彰为领主忠诚服务的人士，能够得到这位来自维特尔斯巴赫家族（Haus Wittelsbach）普法尔茨支系（Line von Pfalz-Neuburg，亦称莱茵-普法尔茨支系）领主表彰的大多是他的廷臣，此外获勋者还可以领取丰厚的津贴，前提是必须将款项中的十分之一用于捐助穷人。

1800年3月30日，新任的巴伐利亚公爵马克西米利安四世下令重设圣胡伯特骑士团与勋章，结合当时法国大革命与拿破仑战争的因素，恢复后的勋章侧重于表彰军事功勋。

1806年，巴伐利亚升格为王国，马克西米利安四世登基成为马克西米利安一世国王（Maximilian Ⅰ. Joseph）。1808年5月18日，马克西米利安一世颁发法令将圣胡伯特勋章定为王国最高级别勋赏，同时从诸多贵族中选出十二人为圣胡伯特骑士，不过加入骑士团需要缴纳费用，其标准是亲王200枚金币（Gold Ducat），亲王以下人员是120帝国泰勒（Reichsthaler，这种成色为989的银币重29.44克），与其他著名骑士团一样，马克西米利安一世也为圣胡伯特骑士团设计了独特的服饰。

▲ 佩戴圣胡伯特勋章的马克西米利安一世

目前留存最多的圣胡伯特勋章为1708年约翰·威廉重设后的式样，由绶章和星芒章组成。绶章呈金质马耳他十字形，白色珐琅十字上有斑点且末端饰有圆球，每两条十字臂之间有三道光芒，十字与吊环处用王冠连接。勋章正面中央刻有正在布道的圣胡伯特，外圈环绕着哥特体铭文“In trau vast（众志成城）”，勋章背面刻着王权宝球，外圈为“In memoriam recuperatæ dignitatis a vitæ 1708（1708年旧日荣耀重现之时纪念）”字样。在正式场合绶章通过一条华丽的挂链佩戴。圣胡伯特勋章的星芒章呈银质八角放射状，其上镶嵌着白色铁砧头十字，十字中心圆盘上刻着“In trau vast（众志成城）”字样。

▲ 全套圣胡伯特勋章。供图/Hermann Historica

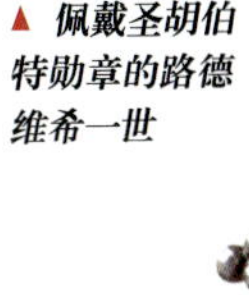

▲ 佩戴圣胡伯特勋章的路德维希一世

► 圣胡伯特勋章星章。供图/Hermann Historica

由于圣胡伯特勋章的存在时间长达数世纪之久，后人很难统计出确切的颁发数量。以下是1806年至1918年间巴伐利亚王国时期的发行量。

马克西米利安一世时期（1806～1825年在位）：149枚；

路德维希一世时期（Ludwig Ⅰ. von Bayern 1825～1848年在位）：59枚；

马克西米利安二世时期（Maximilian Ⅱ. Joseph 1848～1864年在位）：84枚；

路德维希二世时期（Ludwig Ⅱ. von Bayern 1864～1886年在位）：66枚；

柳特波德亲王摄政时期（Prinzregent Luitpold von Bayern 1886～1912年在位）：162枚；

路德维希三世时期（Ludwig Ⅲ. von Bayern 1912～1918年在位）：27枚；

▲ 刺绣版圣胡伯特勋章。供图/eMedals

▲ 原盒圣胡伯特勋章星章。供图/Hermann Historica

1918年德意志帝国与君主制度崩溃后，圣胡伯特勋章也退出了公众视线，但它并没有被废除，时至今日它仍在小范围地颁发，现在掌握颁发权利的是维特尔斯巴赫家族的族长、巴伐利亚公爵弗朗茨·博纳文图拉·阿达尔贝特·玛丽娅（Franz Bonaventura Adalbert Maria）。

目前对于这枚勋章的主要争论点在于它的设立日期，此前普遍认为是在林尼希战役结束后即宣布设立，但异见者表示勋章也有可能是为了纪念稍后取胜的某次战役，甚至有人认为它的设立年份是在1473至1475年间，为了探明勋章确切的设立日期，世人对此进行了大量的考证。在20世纪发现的一份签发于1445年3月26号耶稣受难日的拉丁语法令上，提到了圣胡伯特勋章的存在。在另一份用德语草拟的法令上，写了勋章用于表彰在林尼希战役中表现杰出

◄ ▲ *日常佩戴版圣胡伯特勋章。供图/Hermann Historica*

的骑士，但这份法令只写了一半，也未写明日期，导致这枚勋章的设立日期在1444年至1445年间徘徊。造成1475年设立的误解是因为当年格哈德的儿子威廉继承爵位后，曾下令修改圣胡伯特勋章的条例，并写成拉丁语和德语公告对外发布。所以时至今日，圣胡伯特勋章确切的设立日期仍旧是一个未解之谜。

圣格奥尔格王家骑士勋章

Hausritterorden vom Heiligen Georg / House Knight Order of St. George

设立时间：1729年

级别：大团长级、大指挥官级、指挥官级、骑士级，以及同名的奖章

授予标准：颁发给圣格奥尔格骑士团成员。

简介：圣格奥尔格骑士团最初出现于12世纪十字军东征时期，1494年由时任德意志国王的马克西米利安一世（Maximilian Ⅰ., Römisch-deutscher König，1508年被加冕为神圣罗马帝国皇帝）重建，其后在查理七世皇帝（Karl Albrecht von Bayern）执政时期的1729年4月24日，骑士团得到了教宗本笃十三世（Benedictus XIII）的承认。1778年维特尔斯巴赫家族巴伐利亚支系绝嗣消亡后，新任领主卡尔·提奥多尔解散了骑士团，同时废除了圣格奥尔格勋章，但勋章在小范围内仍有发放。巴伐利亚升格为王国后，马克西米利安一世国王便着手恢复设立圣格奥尔格勋章，并将其列为仅次于圣胡伯特勋章之后的王国第二高等级勋赏。1871年4月17日，路德维希二世（Ludwig Ⅱ. von Bayern）修改条例，允许“乐善好施、坚守基督教信仰”的各界人士也能获得这一荣誉，1889年12月15日，摄政的柳特波德亲王增设了圣格奥尔格奖章，颁发给加入骑士团已满五十年的成员。

▲ *鲁本斯创作的圣格奥尔格骑士团创立者马克西米利安一世画像*

圣格奥尔格勋章呈末端带圆球的马耳他十字形，每两条十字臂之间有一个菱形突起。勋章正面中心为圣母玛丽娅。四个菱形突起从左至右顺时针方向分别刻着“V. I. B. I.（virgini immaculatae Bavaria immaculata，完美的巴伐利亚献给无瑕的圣母玛利亚）”四个字母，勋章背面为屠龙的圣格奥尔格形象（即圣乔治屠龙的典故），四周菱形物上刻的是“I. V. P. F（JUSTUS UT PALMA FIOREBIT，义人必像棕树一样繁茂，旧约-诗篇92:12）”，勋章与吊环之间通过一枚狮头装饰连接。

圣格奥尔格勋章的星芒章呈蓝色马耳他十字形，正中为白底红十字（即圣格奥尔格十字），十字臂间有蓝白相关的菱形突起。在正规场合，大团长级通过一条华丽的项链佩戴；大指挥官级绶章悬挂在大绶上，同时右胸佩戴星芒章；指挥官级为领绶，也有星芒章；骑士级仅有绶章。

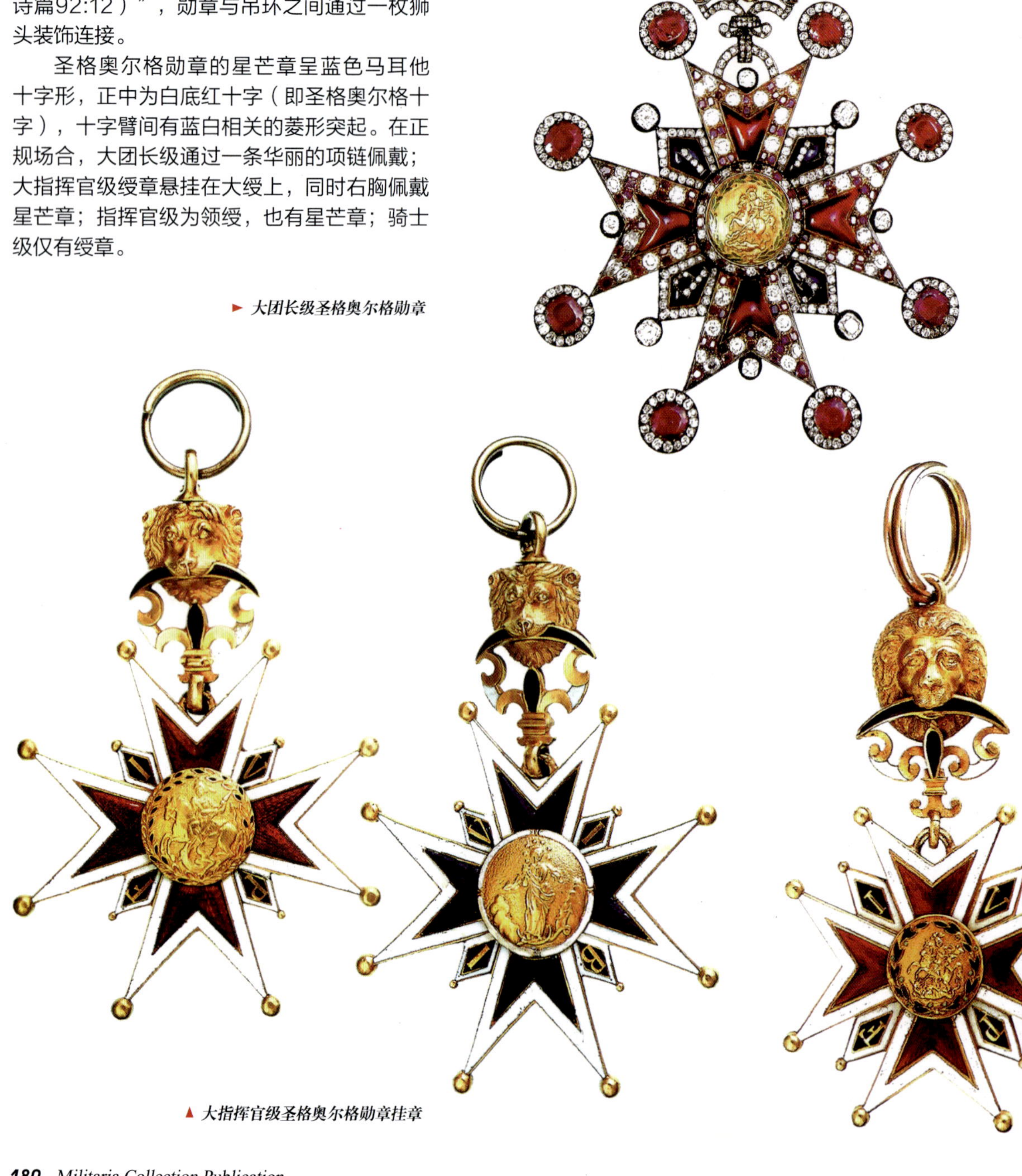

► 大团长级圣格奥尔格勋章

▲ 大指挥官级圣格奥尔格勋章挂章

▲ 大指挥官级圣格奥尔格勋章星章。供图/emedals

► 骑士级圣格奥尔格勋章

◄ 指挥官级圣格奥尔格勋章

同名的圣格奥尔格奖章为圆形，正面刻着柳特波德侧面头像，外圈为“LUITPOLD PRINZ-REGENT VON BAYERN（巴伐利亚摄政王柳特波德）”字样，背面除了圣格奥尔格屠龙形象外，还有铭文“ZUR ERINNERUNG AN DEN 8. DEZEMBER 1889（纪念1889年12月8日）”。

▲ *刺绣版圣格奥尔格勋章星章。供图/emedals*

与其他著名骑士团一样，圣格奥尔格骑士团也拥有以淡蓝色为基调的独特服饰。

由于圣格奥尔格勋章的存在时间长达数世纪之久，后人很难统计出确切的颁发数量。以下是1806年至1918年间巴伐利亚王国时期的发行量。

大团长级14枚，大指挥官级92枚，指挥官级82枚，骑士级288枚，另有75枚圣格奥尔格奖章。

1918年德意志帝国与君主制度崩溃后，圣格奥尔格勋章得到了保留，现在掌握颁发权利的是维特尔斯巴赫家族的族长、巴伐利亚公爵弗朗茨。截止1986年，又颁发出7枚大团长级、59枚大指挥官级、76枚指挥官级和145枚骑士级。

▼ *1930年出席活动的巴伐利亚王太子鲁布雷希特，请注意他佩戴有圣格奥尔格勋章*

► *作为圣格奥尔格骑士团大团长的路德维希三世，他身着大团长勋服，佩戴链授圣格奥尔格勋章*

马克斯·约瑟夫军事勋章

Militär-Max-Joseph-Orden / Military Order of Max Joseph

设立时间：1806年1月1日

级别：大十字级、指挥官十字级、骑士十字级

授予标准：建立卓越的军事功勋。

简介：1806年1月1日，巴伐利亚升格为王国的当天，马克西米利安一世国王宣布设立一种以他自己的名字“马克西米利安·约瑟夫”为名的王国最高级别军事荣誉，新勋章共分大十字级、指挥官十字级和骑士十字级三个级别。颁发条例规定，勋章仅颁发给军官，但不对获得者的军衔、服役单位、宗教信仰、出身等做出限制，不论是作战英勇的前线指挥官、制订精妙作战计划的参谋，还是在其他领域建立卓越军事功绩的人员，皆有资格获此殊荣，但实际上获得最高等级大十字级勋章的都是将官。此外，如果受勋者为非贵族阶级的巴伐利亚人，他将被授予不可世袭的骑士头衔，并在姓氏前附加“Ritter von”，例如威廉·勒布（Wilhelm Leeb），后来的陆军元帅，受勋之后姓名变成了Wilhelm Ritter von Leeb。而非巴伐利亚人被授予的仅仅是马克斯·约瑟夫军事勋章，不包括头衔。比如埃里希·鲁登道夫将军（Erich Ludendorff）1916年被授予大十字级勋章，但他的名字仍保持原样。此外，受勋者每年还可以领取相当数额的津贴，具体为大十字级1500古尔登（Gulden，当时一种流通金币，货币符号为fl）、指挥官十字级500古尔登、骑士十字级300古尔登，获得者如违法被判刑，所得的勋章与头衔将被剥夺。

马克斯·约瑟夫勋章呈附加王冠的白色马耳他十字形，十字形尖角上都有一个小球（大十字级在十字臂间有光芒状突起）。勋章正面中央是一块镶金边的蓝色珐琅，上面为马克斯·约瑟夫的花押（花体MJK），勋章背面为写在蓝色珐琅底面上的金色铭文“Virtuti pro patria（为了祖国英勇战斗）”。

马克斯·约瑟夫勋章的星芒章仅配发给大十字级，其造型为银质八角放射状底板上，镶嵌尖角带小球的马耳他十字，正中蓝色圆盘上刻着“Virtuti pro patria”字样。

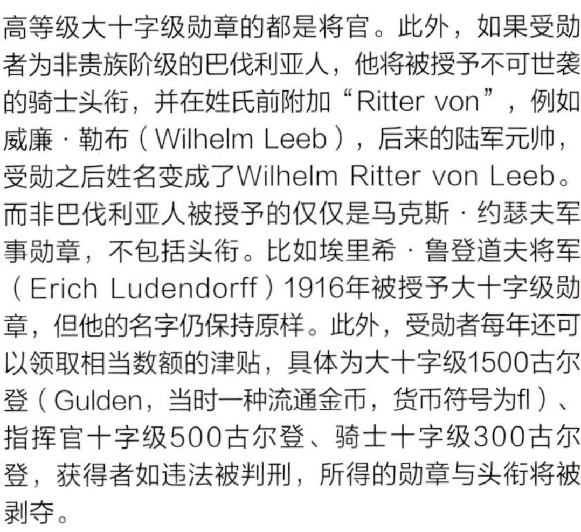

▼ *大十字级马克斯·约瑟夫军事勋章星章。供图/Hermann Historica*

▼ *大十字级马克斯·约瑟夫军事勋章挂章。供图/Zeige*

▲ 指挥官十字级马克斯·约瑟夫军事勋章。供图/Hermann Historica

▲ 骑士十字级马克斯·约瑟夫军事勋章。供图/eMedals

有趣的是，马克斯·约瑟夫勋章的个头明显小于其他军事勋奖章，骑士十字级的标准宽高为28毫米（加上王冠和挂环也只有50毫米）；指挥官十字级略大，为38×55毫米；最大的是大十字级，尺寸为68×100毫米。

1918年随着德意志帝国崩溃与君主制的废除，马克斯·约瑟夫军事勋章亦被废除，不过战争期间积压下来的受勋推荐信直到1922年才全部审批完成。

因为按照相关规定，获得者死后勋章必须收回，这也造成目前留存于民间的勋章数量并不多。

以下为各方统计的颁发数量：

1806～1815年间：大十字级35枚（其中28人为非巴伐利亚籍）、指挥官级62枚（其中49人为非巴伐利亚籍）、骑士级371枚（其中278人为非巴伐利亚籍）；

1816～1876年间：大十字级11枚（其中10人为非巴伐利亚籍）、指挥官级9枚（其中7人为非巴伐利亚籍）、骑士级93枚（其中38人为非巴伐利亚籍）；

1914～1918年间：大十字级25枚（其中20人为非巴伐利亚籍）、指挥官级22枚（其中8人为非巴伐利亚籍）、骑士级288枚（其中7人为非巴伐利亚籍）。

圣伊丽莎白勋章
St. Elisabethen-Orden / Order of Saint Elizabeth

设立时间：1766年10月18日

级别：仅有一级

授予对象：颁发给圣伊丽莎白修会成员。

简介：1766年10月18日，普法尔茨-苏尔茨巴赫选侯卡尔·提奥多尔的妻子伊丽莎白·奥古斯塔（Elisabeth Auguste von Pfalz-Sulzbach）设立了一个以女性守护使圣伊丽莎白（Heilige Elisabeth von Thüringen）为名的修会，修会仅限女性参加，致力于公益慈善事业，修会成员可以获颁圣伊丽莎白勋章。

勋章名称中所指的“圣伊丽莎白”是匈牙利国王安德拉什二世（II András）女儿伊丽莎白公主，1207年出生于王国东北部小镇沙罗什保陶克（Sárospatak），也有说她出生于当时的匈牙利首都波若尼（Pozsony，现为斯洛伐克首都布拉迪斯拉发）。1221年，14岁的伊丽莎白嫁给图林根伯爵（Landgraf von Thüringen）路德维希四世（Ludwig Ⅳ. der Heilige），婚后两人生活幸福美满，生育了3个孩子。伊丽莎白虽然出身显贵，但从小就对穷苦之人表现出极大同情，受到众多百姓的爱戴。1227年，路德维希四世跟随神圣罗马帝国皇帝弗里德里希二世（Friedrich Ⅱ.）参加第六次十字军东征，没多久就感染疟疾死于军中。路德维希四世死后，他的弟弟海因里希·拉斯佩（Heinrich Raspe）成为图林根伯爵，这位新领主上任后做的第一件事就是将自己的嫂子逐出居住的瓦特堡（Wartburg），无奈之下，伊丽莎白只得投奔娘家的亲人。后来她进入修道院，并建立了大量慈善机构和教会医院，收留救济穷苦百姓，还亲自担任护理人员照看病人，后于1231年病故，时年24岁。因她一生不图奢华，谦卑禁欲，过着苦行僧式的生活，并慷慨救助穷人，教宗额我略九世（Gregorius Ⅸ）封其为圣人，从此圣女伊丽莎白的美名流传至今。现在的瓦特堡中的伊丽莎白画廊有大量反映伊丽莎白如何善待和帮助穷人的画卷。她是欧洲中世纪最重要的女性形象之一，也是图林根历史上最杰出的人物之一。

1767年1月31日，圣伊丽莎白修会得到了教宗克雷孟十二世（Clemens Ⅻ）的承认，同时得到了教廷赐予的诸多特权。想要加入圣伊丽莎白修会，除了必备虔诚的信仰，还必须证明自己或夫家为十六代以

▲ 西方绘画里的圣伊丽莎白形象

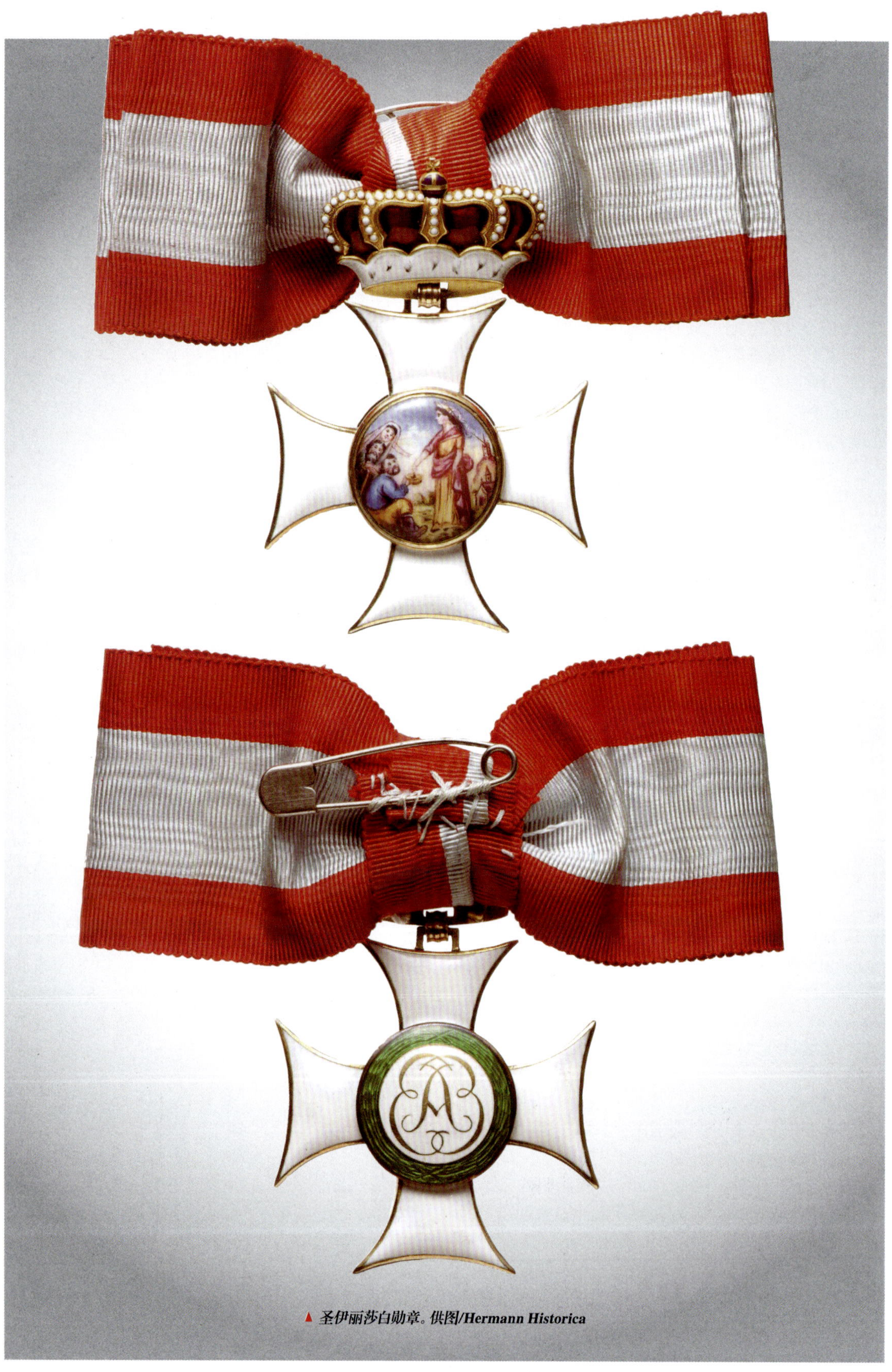

▲ 圣伊丽莎白勋章。供图/Hermann Historica

上的世袭贵族，不过未达到血统要求的优秀候选人可由修会会长特许加入，新人入会仪式将在每年的复活节或圣伊丽莎白节（11月19日）举行，而修会会长则由国王亲自任命。

圣伊丽莎白勋章呈白色十字形，正面中央绘着正向穷人发放面包的圣伊丽莎白。勋章通过蝴蝶结状红—蓝—红绶带佩戴于左胸处。按规定修会成员若在公众场合未佩戴勋章，将被处以罚款。

1918年德意志帝国与君主制度崩溃后，圣伊丽莎白勋章得到了保留，最终于1976年终止颁发，根据留存的文件记载，共有191人获此勋章，另有31人获荣誉成员称号。

圣安娜勋章

St.-Anna-Orden / Order of St. Anna

设立时间：1783年9月19日

级别：仅有一级

授予标准：颁发给圣安娜修会成员。

简介：1783年9月19日，巴伐利亚公爵兼选侯马克西米利安三世·约瑟夫（Maximilian Ⅲ. Joseph von Bayer）的遗孀玛丽娅·安娜（Maria Anna Sophie von Bayern）宣布成立一个仅限巴伐利亚本国贵族女性参加的修会，当天成立仪式在慕尼黑圣安娜女修道院教堂（Damenstiftkirche St. Anna）举行，修会由此命名为圣安娜修会，圣安娜勋章也随即设立。

最初修会对新成员有严格要求，除必须信奉天主教且年满18周岁外，还需出身贵族世家（需证明祖上有八位贵族）。1802年才允许非贵族阶级的军官与政府官员女眷参加。1808年11月28日起，修会开始接受信奉新教的女性。1841年起又允许外籍人士的加入。面对越来越多的新成员，1875年修会发布通告，规定新成员入会需要支付200马克的费用，外籍人士则为1600马克。

圣安娜勋章呈白底蓝边十字形，十字臂之间有白色珐琅装饰，正面为圣母肖像，外圈四个十字臂上分别刻着“SUB TUUM PRAESI DIUM（在您的庇护下）”字样；勋章背面为梅森（Meissen）主教圣本诺（St. Benno）肖像，四周铭文为“NOS TER PATRO NUS.（我们的守护使）”。后人所描绘的圣本诺，他的一只手永远拿着一条鱼，有时另一只手中还会拎着一串钥匙，这个形象来源于一个故事：本诺主教生于1010年，他为人刚直，曾一度因触怒皇帝而被捕入狱。听闻亨利四世皇帝妄图反抗教宗额我略七世，本诺决定离开德国，前往罗马暂避。临行前，他嘱咐司祭们，如果教廷发表对亨利的绝罚（破门律）处分，就将大教堂关闭，把钥匙扔到易北河里。事情果然如本诺所料，教廷宣布了对亨利施行绝罚，开除教籍。司祭们遵命将钥匙扔进河里。“卡诺莎悔罪”之后，亨利四世的绝罚处分解除，某天，主教府的厨师在市场买了一条鱼，剖开鱼腹后，发现教堂钥匙赫然在内。本诺于1106年逝世，因其一生忠勤尽职，督促神职人员，严守纪律，博施济众，以身作则，树立苦修的榜样，1523年荣列圣品。

1918年德意志帝国与君主制度崩溃后，勋章终止颁发。

▲ 圣安娜勋章。供图/eMedals

巴伐利亚王冠功勋勋章

Verdienstorden der Bayerischen Krone / Merit Order of the Bavarian Crown

设立时间：1808年3月19日

级别：大十字级、大指挥官级、指挥官级、骑士级，以及金级和银级功勋奖章

授予对象：为巴伐利亚王国建立卓越的功勋的政府官员及外籍人士。

简介：1808年，普法尔茨雄狮勋章被马克西米利安一世废除，为了弥补空缺，同年3月19日，国王决定设立一种以“巴伐利亚王冠功勋勋章”为名的新荣誉，勋章最初只有大十字级、指挥官级和骑士级共三个级别，且规定了每个级别的数量：12枚大十字级、24枚指挥官级、100枚骑士级，根据相关条例，勋章的发放仅注重获得者的能力，不对他们的职务、工作部门、宗教信仰、出身等做出限制，不论是制订宏伟发展蓝图的政府高官、兢兢业业埋头苦干的基层公务员，还是在其他领域建立卓越民事功绩的外国友人，皆有资格获此殊荣。1817年10月修订的条例将颁发量提高到24枚大十字级、40枚指挥官级和160枚骑士级。1855年5月24日马克西米利安二世下令增设大指挥官级。

勋章由八对白色尖角与金色光芒组成，外圈环绕着橡叶花环。正面中央为镶在蓝白菱形底纹上的金色王冠，外侧红色圆盘上刻着箴言“VIRTUS ET HONOS（才能与荣耀）”；勋章背面中央为创立者马克西米利安一世的侧身头像，外圈环绕铭文“MAX.JOS.BOJOARIAE.REX.（巴伐利亚国王马克斯·约瑟夫）”。

巴伐利亚王冠功勋勋章为大十字级和大指挥官级配备了银质星芒章，两者式样相同，区别在于前者尺寸略大（直径分别为90毫米和75毫米）。两种星芒章的正面中央为镶在蓝白菱形底纹上的金色王冠，红色圆盘上刻着箴言“VIRTUS ET HONOS（才能与荣耀）”，外侧环绕着橡叶花环，星芒章通过背面竖形别针佩戴。

同名的功勋奖章有金级和银级两个级别，皆为直径35毫米的圆形。奖章正面刻着古人装束的马克西米安一世侧面头像，外圈为“MAXIMILIAN IOSEPH KÖNIG VON BAYERN（巴伐利亚国王马克西米利安·约瑟夫）”字样；奖章背面分五行镌刻着“DEM / VERDIENSTE / UM FÜRST / UND / VATERLAND（来自君主与祖国的嘉奖）”，左右两侧有橡叶与月桂枝叶点缀。

与马克斯·约瑟夫军事勋章一样，巴伐利亚王冠功勋勋章能让受勋的巴伐利亚籍政府官员成为不可世袭贵族并可享有在姓氏前附加“Ritter von”的资格。例如巴伐利亚总理古斯塔夫·卡尔（Gustav Kahr）在上世纪20年代获得勋章后，其名字变成了Gustav Ritter von Kahr。如果爷孙三代皆因获此勋章成为贵族，他们将自动成为世袭贵族。另外非巴伐利亚人得到的仅有勋章，不包括头衔，1910年后勋章不再颁发给外国人。

◄ 大十字级巴伐利亚王冠功勋勋章挂章。供图/Hermann Historica

▲ 原盒大十字级巴伐利亚王冠功勋勋章星章。供图/Zeige

► 指挥官级巴伐利亚王冠功勋勋章。供图/Hermann Historica

▲ 大十字级巴伐利亚王冠功勋勋章星章。供图/Zeige

▲ 骑士级巴伐利亚王冠功勋勋章。供图/Morton & Eden

相比军事功绩，民事领域的表彰有太多的主观性，这也是巴伐利亚王冠功勋勋章颁发量居高不下的原因，根据现存的相关文件，自1808年设立之初至1914年7月战争爆发前，它的颁发情况如下：

钻石大十字级2枚、大十字级473枚、大指挥官级131枚、指挥官级632枚、骑士级2131枚。

特蕾西娅勋章

Theresienorden / Order of Theresa

设立时间： 1827年12月12日

级别： 仅有一级

授予标准： 颁发给特蕾西娅基金会成员。

简介： 1827年12月12日，时任巴伐利亚国王路德维希一世（Ludwig Ⅰ. von Bayern）的妻子特蕾西娅王后（Therese von Bayern）宣布创立一个慈善基金会，基金会以王后的名字命名，仅限贵族女性参加，且需要支付一定的费用，具体为巴伐利亚籍人士55古尔登（Gulden，当时一种流通金币，货币符号为fl），外籍人员200古尔登。特蕾西娅基金会设立后，每年将会有12位未婚贵族女性得到现金补助，其中6人的补助款为300古尔登，另外6人为100古尔登。此项福利在受助者结婚后终止。

特蕾西娅勋章呈带王冠的马耳他十字形，十字臂间有蓝白相间的菱形装饰。勋章正面中心是花体的字母T，外圈环绕绿色花环；勋章背面中心为设立时期“1827”字样，外圈有铭文“UNSER LEBEN SEY GLAUBE AN DAS EWIGE（此生只为永恒的信仰）”。1834年起，勋章视获得者的阶层高低，会在王冠和正面字母处镶嵌钻石。

根据现存相关文件的记载，目前能确定的颁发情况如下：

108枚勋章的王冠与字母同时镶钻，237枚勋章上仅字母处镶钻，750枚为普通版，另有72人被授予荣誉成员称号。

▲ 特蕾西娅王后画像

▼ 佩戴特蕾西娅勋章的俄罗斯王妃塔季扬娜·亚历山德罗夫娜·尤苏波娃

▲ 特蕾西娅勋章。供图/Stack's Bowers

路德维希勋章

Ludwigsorden / Ludwig Order

设立时间：1827年8月25日

级别：仅有一级（依据获得者衔级高低分为十字形与圆形两种式样）

授予标准：为君主与国家忠诚服务超过五十年。

简介：1827年8月25日是路德维希一世40周岁的生日，在这喜庆的日子里，国王宣布设立一种以自己名字命名的新勋章，以表彰为君主与国家忠诚服务超过五十年的军人、官员以及神职人员，他们的服务期限可从勋章设立日起追溯，在战地服役的时间视为双倍。此外勋章按获得者的职务衔级高低设计了十字形和圆形两种襟绶章式样。

十字形襟绶章呈带王冠的比萨十字形，正面中心白色圆盘上刻着设立者路德维希一世的侧面头像，铭文“LUDWIG KOENIG VON BAYERN（巴伐利亚国王路德维希）”分布于四条十字臂上；背面白色圆盘上刻着“FÜR EHREN VOLLE FÜNFZIG DIENSTES JAHRE（致五十年如一日的服务）”字样，外圈饰有绿色橡叶花环，四条十字臂上的铭文为“AM 25 AUGUST 1827（设于1827年8月25日）”。

圆形襟绶章正面为路德维希一世的侧面头像，外圈环绕着“LUDWIG KOENIG VON BAYERN”字样，背面是被橡叶花环包围的“FÜR EHREN VOLLE FÜNFZIG DIENSTES JAHRE”，底部有设立日期“AM 25 AUGUST 1827”。

随着战争局势的恶化，政府不得不直面资源短缺的问题，1918年起，路德维希勋章的材质由金质改为银镀金，截止战败，约有50枚勋章采用了此种简化工艺。1918年这种存在了90年的勋章随着德意志帝国与君主制度的崩溃而被废除，其颁发量定格在1118枚。

▲ *十字版路德维希勋章。供图/Hermann Historica*

圣米迦勒功勋勋章

Verdienstorden vom heiligen Michael / Merit Order of St Michael

设立时间： 1837年2月16日

级别：（1837年至1887年）大十字级、大指挥官级、指挥官级、骑士一级、骑士二级

（1887年至1918年）大十字级、一级、带星二级、二级、军官级、三级、王冠四级、四级，以及王冠功勋十字奖章、功勋十字奖章、银级和铜级功勋奖章

授予标准： 忠诚于祖国，服务于君主。

版本： 第一版，1837年至1887年

第二版，1887年至1918年

简介： 米迦勒（Michael，又译弥额尔，意为“似神者”），《圣经》中所提到的天使长（Archangel），他是神所指定的伊甸园守护者，在基督教的绘画与雕塑中，米迦勒经常以手持红色十字架（或红色十字形剑）与巨龙（或恶魔）搏斗或者立于其身上的金发美少年形象出现。

1693年9月29日，时任科隆大主教（即科隆选侯）的约瑟夫·克雷孟（Joseph Clemens von Bayern）宣布设立圣米迦勒勋章（Orden zum Heiligen Michael），用以表彰那些信奉天主教并慷慨解囊向教会奉献大量资金的贵族，此时的勋章仅有大十字级与骑士级两个级别。

1803年科隆选侯国（Erzstift und Kurfürstentum Köln）因《帝国代表重要决议（Reichsdeputationshauptschluss）》的发布而世俗化，采邑总主教区被解散，此勋章在科隆亦停止颁发。但在克雷孟的故乡巴伐利亚，勋章得到了保留并继续颁发，1808年还增设了指挥官级，直至1837年改制。

1837年2月16日，时任巴伐利亚国王的路德维希一世（Ludwig Ⅰ. von Bayern）宣布对原圣米迦勒勋章进行大幅修改，除了更名为“圣米迦勒功勋勋章（Verdienstorden vom heiligen Michael）”外，还发布了新版颁发标准：获得者将不限宗教信仰与社会地位，只要“忠诚于祖国，服务于君主”皆可获勋，具体表现可以是忠诚的服务、热忱的爱国行为或是在各个领域作出卓越贡献等。此时的勋章等级设置

仍为大十字级、指挥官级和骑士级。

在马克西米利安二世执政的1855年6月24日，国王下令增设大指挥官级，并将骑士级分成两个级别，即原骑士级划为骑士一级，另新增骑士二级。1887年又宣布重新命名各个等级。即大十字级、一级、带星二级、二级、三级、四级、功勋十字奖章和银级功勋奖章，并修改了勋章式样。

七年后的1894年，加入了最低等级的铜级功勋奖章。1910年又新增军官级勋章，同时发行无冠四级勋章与王冠功勋十字奖章。至此勋章的最终等级设置为：大十字级、一级、带星二级、二级、军官级、三级、王冠四级、四级、王冠功勋十字奖章、功勋十字奖章、银级功勋奖章和铜级功勋奖章。

圣米迦勒功勋勋章呈蓝色十字形，除无冠四级外皆附有王冠装饰，勋章正面中心刻着击杀恶龙的天使，天使所持盾牌上刻的“QUIS UT DEUS（似神者）”表明了他即是米迦勒，1837年至1887年间发行的第一版勋章上，中心图案外侧环绕着箭矢，且在十字臂上分别刻着“P(PRINCIPI，信念)”“F (FIDELIS，忠诚)”“F (FAVERE，无私)”“P (PATRIAE，祖国)”，1887年后的第二版上箭矢与刻字皆被移除；勋章背面仅有“VIRTUTI（功绩）”铭文。

圣米迦勒功勋勋章的星芒章共有八角与四角两种式样，其正面皆为刻有“QUIS UT DEUS“字样的蓝色圆盘，星芒章通过背面的竖形别针佩戴于左胸口处。

▲第一版大十字级圣米迦勒功勋勋章挂章。供图/Andreas Thies

◄▼第一版大十字级圣米迦勒功勋勋章星章。供图/emedals

◄圣米迦勒功勋勋章证书。供图/Zeige

▲第一版指挥官级圣米迦勒功勋勋章。供图/Hermann Historica

▲刺绣版大十字级圣米迦勒功勋勋章星章。供图/Zeige

▲大十字级圣米迦勒功勋勋章挂章。供图/Zeige

▲大十字级圣米迦勒功勋勋章星章。供图/Zeige

▲一级圣米迦勒功勋勋章星章。供图/Hermann Historica

▲► 带星二级圣米迦勒功勋勋章。供图/**Hermann Historica**

▲二级圣米迦勒功勋勋章。供图/Hermann Historica

▲军官级圣米迦勒功勋勋章。供图/Hermann Historica

▶ 三级圣米迦勒功勋勋章。供图/Hermann Historica

▲四级圣米迦勒功勋勋章。供图/Zeige

颁发给基层人员的功勋十字奖章与功勋奖章，前者式样与勋章一致，但无珐琅；后者呈圆形，正面刻有击杀恶龙的圣米迦勒，背面为被花环围绕的“VIRTUTI”字样。

根据现存的相关文件，自1837年设立之初至1887年颁发条例更改前，它的颁发情况如下：

大十字级434枚、大指挥官级（1855年设）428枚、指挥官级657枚、骑士二级4016枚、二级骑士级（1855年设）434枚；

1887年各等级的勋章被重新命名，颁发情况为：大十字级143枚、一级240枚、带星二级326枚、二级776枚、军官级（1910年设）224枚、三级1470枚、王冠四级4419枚、四级（1910年设）505、王冠功勋十字奖章（1910年设）350枚、功勋十字奖章1884枚。

随着德意志帝国与君主制度崩溃，勋章于1918年11月7日终止颁发。

马克西米利安艺术与科学勋章

Maximiliansorden für Kunst und Wissenschaft / Maximilian Order for Science and Art

设立时间： 1853年11月28日

级别： 仅有一级

授予标准： 在科学及艺术领域内创造了非凡成就。

版本： 第一版，1853年~1933年

第二版，1980年起

简介： 此勋章最初由时任巴伐利亚国王的马克西米利安二世（Maximilian Ⅱ. Joseph）于1853年11月28日设立，颁发给在科学及艺术领域内创造了非凡成就的专家学者和艺术家，受勋人群面向所有德意志邦国，并不局限于巴伐利亚王国一地。1933年纳粹党上台后被废除，直至1980年才由巴伐利亚州州长弗朗茨·约瑟夫·施特劳斯（Franz Josef Strauß）下令重设。时至今日仍在颁发。

勋章的条例规定，同时健在的获勋者不能超过100人，因此它的颁发数量并不太多。据统计，自1853年勋章设立之初至2012年为止，共有535人获此勋章，其中351人为纳粹党上台前所得。1980年勋章重设后至2012年间授出的184人中，女性占了24位。截至2013年2月，仍健在的获勋者还有92人。

此勋章的主体呈带王冠的蓝色哥特十字形，十字外圈围绕着月桂与橡叶花环，每两条十字臂之间饰有金色光芒。勋章正面中央是设立者的头像，四周有“GESTIFTET V. MAX Ⅱ KOENIG V. BAYERN（由巴伐利亚国王马克西米利安二世设立）”字样，正面三条十字臂上从右至左分别刻有“MDCCCLIII / NOVEMBER / XXVIII（1853年11月28日）”。勋章背面中央根据获得者的身份分别刻有猫头鹰（科学家）或飞马（艺术家），外圈为铭文“FÜR WISSENSCHAFT UND KUNST（为了科学与艺术）”。

1980年发行的第二版保留了之前大部分式样，勋章正中改为象征巴伐利亚的雄狮，外圈刻金色的“FÜR WISSENSCHAFT UND KUNST（为了科学与艺术）”字样；勋章背面不再区分科学与艺术，统一为蓝白相间的“巴伐利亚菱形（Bayerische Rauten）”纹章。

▲科学版马克西米利安科学与艺术勋章

▲艺术版马克西米利安科学与艺术勋章

历史上许多知名科学家与艺术家都曾被授予这项荣誉，其中不乏业界泰斗。下面来简单介绍下历次获得者中的知名人士。

1853年首批五位获勋者中，有三位是科学家，他们是亚历山大·冯·洪堡（Alexander von Humboldt，著名自然科学家、自然地理学家，近代气候学、植物地理学、地球物理学的创始人之一）、卡尔·奥古斯特·冯·施泰因海尔（Carl August von Steinheil，物理学家，1837年基于“在纸条上记录磁针的运动”而发明了针式电报机，这种电报机将发报机和收报机合二为一，后被维尔纳·西门子设计的指南针式电报机所采用）和卡尔·弗里德里希·高斯（Carl Friedrich Gauß，数学家、物理学家、天文学家、大地测量学家，近代数学奠基者之一），剩下的两位因艺术成就获颁的分别是雅各布·格林（Jacob Grimm，语言学家、童话作家，德国语言学的奠基人，他与弟弟搜集和编辑了《格林童话》）和约瑟夫·冯·艾辛多夫男爵（Joseph Freiherr von Eichendorff，浪漫主义诗人和作家，亦是德语文学中最优秀的诗人之一）；

1867年，赫尔曼·冯·亥姆霍兹（Hermann von Helmholtz，物理学家、生理学家、发明家，“亥姆霍兹方程”即以他的名字命名）；

1871年，科学版颁发给提奥多尔·蒙森（Theodor Mommsen，古典学者、法学家、历史学家、政治家、考古学家、作家，凭借巨著《罗马史》获1902年诺贝尔文学奖），艺术版则由保尔·海泽（Paul Heyse，小说家、诗人、戏剧家，1910年获诺贝尔文学奖）获得；

1888年，艺术版勋章颁发给了瑞士人康拉德·费迪南德·迈耶（Conrad Ferdinand Meyer，作家、诗人，以写瑞士历史长篇小说享誉文坛）；

1899年，科学版勋章颁发给菲利克斯·克莱因（Felix Klein，数学家，“克莱因瓶”即由他提出）；

1911年，格哈特·霍普特曼（Gerhart Hauptmann，剧作家，1912年因作品《群鼠（Die Ratten）》而获得诺贝尔文学奖）获此荣誉；

1925年，科学版勋章颁发给了里夏德·威尔斯泰特（Richard Martin Willstätter，有机化学家，因对植物色素的研究于1915年获诺贝尔化学奖）；

1932年，阿诺德·索末菲（Arnold Sommerfeld，物理学家，量子力学与原子物理学的开山鼻祖，也是一位杰出的老师，他是目前为止教导过最多诺贝尔物理学奖得主的人）获得了这枚勋章。

勋章重设后首次颁发是在1981年，当年共有八位人士获勋，分别是沃尔特·屈恩内特（Walter Künneth，新教神学家）、海因茨·迈尔-莱布尼茨（Heinz Maier-Leibnitz，核物理学家）、戈洛·曼（Golo Mann，历史学家、作家和哲学家）和恩斯特·奥托·菲舍尔（Ernst Otto Fischer，化学家，1973年与英国化学家杰弗里·威尔金森爵士（Sir Geoffrey Wilkinson）一同获得诺贝尔化学奖）这四位专家学者，以及阿克塞尔·冯·安贝塞尔（Axel von Ambesser，导演、演员、编剧）、维尔纳·艾克（Werner Egk，音乐家）、卡尔·奥尔夫（Carl Orff，作曲家、音乐教育家）等四位艺术家；

1984年，康拉德·楚泽（Konrad Zuse，工程师，数字计算机之父）、乌尔里希·格里戈尔（Ulrich Grigull，热力学专家）、鲁道夫·穆斯堡尔（Rudolf Mößbauer，物理学家，因发现"穆斯堡尔效应"于1961年获诺贝尔物理学奖）、迪特里希·菲舍尔-迪斯考（Dietrich Fischer-Dieskau，歌唱家）、汉斯·哈同（Hans Hartung，画家）、威廉·肯普夫（Wilhelm Kempff，钢琴家、作曲家）等人荣获此勋章；

1986年，恩斯特·荣格尔（Ernst Jünger，作家、思想家，亦是最后一位过世的普鲁士功勋勋章得主）；

1993年，罗伯特·胡贝尔（Robert Huber，化学家，1988年诺贝尔化学奖得主）、沃尔夫冈·哈勃（Wolfgang Haber，景观生态学之父）和弗里茨·科尼格（Fritz Koenig，雕塑家）；

1999年，恩斯特-路德维希·温奈克（Ernst-Ludwig Winnacker，化学家）；

2003年，提奥多尔·亨施（Theodor Hänsch，物理学家，2005年与约翰·霍尔John L. Hall一同获得诺贝尔物理学奖）、汉斯·汉索·冯·布斯（Hans Busso Von Busse，建筑设计师）、阿里贝特·莱曼（Aribert Reimann，作曲家）；

2002年，安妮-索菲·穆特（Anne-Sophie Mutter，小提琴演奏家）；

2005年，克劳斯-威廉·卡纳里斯（Claus-Wilhelm Canaris，法学家）、迪特尔·海因里希（Dieter Henrich，哲学家）、库尔特·莫尔（Kurt Moll，歌唱家）；

2008年，汉斯-维尔纳·希恩（Hans-Werner Sinn，经济学家）。

军事功勋勋章

Militär-Verdienstorden / Military Merit Order

设立时间：1866年7月19日

级别：（1866年至1905年）大十字级、大指挥官级、指挥官级、军官级、骑士一级、骑士二级，以及军事功勋十字奖章

（1905年至1918年）大十字级、一级、带星二级、二级、军官级、三级、四级，以及一级、二级和三级军事功勋十字奖章

授予对象：作战勇敢的军事人员和政府官员，以及帮助军队有功的平民。

类别：普通版、佩剑版、战争功绩版（Bande für Kriegsverdienst，采用特别绶带，专供为军队提供帮助的非战斗人员使用）

简介：1866年7月19日，路德维希二世国王（Ludwig Ⅱ. von Bayern）下令新设一种军事功勋勋章，作为用于表彰英勇行为及卓越军事功绩的主要勋赏，根据条例，勋章颁发范围为所有军官与高级政府官员，当然，那些帮助军队有功的非战斗人员及民众也有资格获此荣誉。在巴伐利亚王国勋奖章体系中，军事功勋勋章仅次于马克斯·约瑟夫军事勋章，位居军事勋赏第二位。

这种勋章在设立之初只有大十字级、大指挥官级、指挥官级、骑士一级、骑士二级，以及军事功勋十字奖章。1891年3月12日修正的颁发条例允许勋章上附加双剑或王冠装饰，同时追认所有在1866年普奥战争（即七周战争，Deutscher Krieg）和1870～1871年普法战争期间颁发的勋章为佩剑版。1900年又增设了军官级。1905年摄政的柳特波德亲王（Prinzregent Luitpold von Bayern）下令大幅修改勋章条例，除了采用新的等级命名方式，对个别勋章的式样也做出了修正。新版共设大十字级、一级、带星二级（等同原大指挥官级）、二级（等同原指挥官级）、军官级、三级（等同原骑士二级）、四级（等同原二级骑士级），以及一级和二级军事功勋十字奖章。1913年增设三级军事功勋十字奖章。

勋章呈蓝色马耳他十字形，十字臂之间缀有火焰装饰（1905年前部分等级没有火焰装饰），勋章正面中央为黑底金色字母"L（代表路德维希二世）"，外侧白色圆环上刻着铭文"MERENTI（功勋）"。勋章背面中央为金色巴伐利亚雄狮，外圈白色圆环上有设立日期"1866"字样。

▼第一版骑士二级佩剑军事功勋勋章。供图/Wöschler Orden

▲第一版骑士二级军事功勋勋章。供图/Wöschler Orden

军官级勋章在1900年设立之初，十字臂之间无火焰装饰，1905年新版条例发布后才附加上。

共有三个级别的军事功勋勋章配有星芒章，分别是大十字级、一级和带星二级，三种星芒章按级别高低尺寸不同，其式样皆为在八角底板上镶嵌十字绶章，但二级星芒章正面的绶章十字臂之间没有火焰装饰。

以下为各级别的佩戴方式：大十字级与一级皆为披挂大绶，左胸佩戴星芒章；带星二级（原大指挥官级）为领绶，左胸佩戴星芒章；二级（原指挥官级）仅有领绶；军官级通过背后的别针佩戴于左胸靠下处。；三级与四级（一级与二级骑士级）皆为襟绶，佩戴于左胸口。

◄ 大十字级军事功勋勋章挂章。供图/**Andreas Thies**

◄ 大十字级佩剑军事功勋勋章挂章。供图/**WAG**

◄ 大十字级军事功勋勋章星章。供图/**Zeige**

◀ 大十字级佩剑军事功勋勋章星章。供图/Zeige

▲ 一级带王冠佩剑军事功勋勋章挂章

◀ 一级军事功勋勋章挂章

▲ 带星二级佩剑军事功勋勋章挂章。供图/Hermann Historica

► 带星二级佩剑军事功勋勋章星章。供图/Andreas Thies

▲ 二级军事功勋勋章。供图/Hermann Historica

▲ 二级佩剑军事功勋勋章。供图/Hermann Historica

◄ 二级带王冠佩剑军事功勋勋章

◄ 军官级带王冠佩剑军事功勋勋章。供图/Hermann Historica

▲ 三级佩剑军事功勋勋章。供图/Zeige

▼ 三级带王冠军事功勋勋章

▲ 三级军事功勋勋章

▲ ► 三级带王冠佩剑军事功勋勋章。供图/ **Hermann Historica**

◄ 四级军事功勋勋章。供图/Hermann Historica

► 四级佩剑军事功勋勋章。供图/Zeige

◄ 四级带王冠佩剑军事功勋勋章。供图/Zeige

作为巴伐利亚王国最主要的军事勋赏，军事功勋勋章的颁发量相当可观，以下为各级别的授予数量。

第一版（1866年至1905年）：

大十字级164枚（另有42枚佩剑版）、大指挥官级215枚（66枚佩剑版）、指挥官级574枚（另有佩剑版173枚）、军官级98枚（另有佩剑版5枚）、骑士二级1140枚（另有佩剑版465枚）、二级骑士级的颁发数量不详。

第二版（1905年至1918年）：

大十字级44枚、佩剑大十字级82枚、王冠佩剑大十字级2枚、战争功绩版大十字级3枚、战争功绩版佩剑大十字级4枚；

一级70枚、佩剑一级139枚、王冠佩剑一级2枚、战争功绩版一级1枚、战争功绩版佩剑一级4枚；

带星二级150枚、佩剑带星二级268枚、王冠佩剑带星二级5枚、战争功绩版带星二级4枚、战争功绩版佩剑带星二级10枚；

二级220枚、佩剑二级335枚、战争功绩版二级7枚、战争功绩版佩剑二级23枚；

军官级186枚、佩剑军官级243枚；

三级612枚、佩剑三级834枚、王冠三级19枚、王冠佩剑三级517枚、战争功绩版三级19枚、战争功绩版佩剑三级44枚、战争功绩版王冠三级10级、战争功绩版王冠佩剑三级28枚；

四级1108枚、佩剑四级24141枚、王冠四级601枚、王冠佩剑四级3042枚、战争功绩版四级170枚、战争功绩版佩剑四级544枚、战争功绩版王冠四级59级、战争功绩版王冠佩剑四级112枚。

这种勋章项下的军事功勋十字奖章（Militär-Verdienstkreuz）与军事功勋勋章同时设立，颁发对象为“表现英勇或建立军事功绩的军士、士兵和基层公务员”，那些帮助军队有功的非战斗人员及民众也有资格获此奖章，它在巴伐利亚所有奖章中仅次于军事功勋奖章（Militär-Verdienstmedaille，1918年更名为勇敢奖章Tapferkeitsmedaille，为巴伐利亚授予军士和士兵的最高级别荣誉）。

1918年随着德意志帝国与巴伐利亚王国的崩溃，军事功勋勋章与军事功勋十字奖章被废除，不过直到1920年巴伐利亚政府仍在受理授予申请。

▲ 原盒四级佩剑军事功勋勋章。供图/Hermann Historica

军事医护勋章

Militär-Sanitäts-Orden / Military Sanitation Order

设立时间： 1914年10月16日

级别： 一级、二级

授予对象： 身处前线不顾自身安全，坚持救治伤患的军事医护军官。

简介： 此勋章由路德维希三世国王（Ludwig Ⅲ. von Bayern）于1914年10月16日设立，分一级和二级共两个级别，它仅颁发给服务于战地前线、野战医院或其他交战区域，不顾自身生命安全并坚守岗位救治伤患的军事医护军官，非巴伐利亚籍医生也有资格获此勋章。条例还规定，勋章得主在领奖时，可以得到600马克（一级）或300马克（二级）的奖金。

军事医护勋章呈十字形，十字臂上有白色珐琅，正面中央为衬托在蓝色珐琅圆盘上的金色带冠“L（代表路德维希三世）”，外侧白色描金圆环上绘有月桂枝叶与“1914”字样。勋章背面中央为刻在蓝色珐琅圆盘上的金色“FÜR VERDIENSTE IM KRIEGE（因战争期间之功绩）”字样，外侧白色圆环上是月桂花环。一级和二级最直观区别在于，前者的描边皆为金色，而后者仅中心圆盘处描金。

据统计，截止1935年，军事医护勋章仅颁发过174枚，同时按照相关规定，获得者死后勋章必须收回，这也造成目前留存于民间的勋章数量十分稀少。

▲ 一级军事医护勋章。供图/Hermann Historica

▲ 二级军事医护勋章。供图/Hermann Historica